Dirk Nopp

Immobilienfinanzierung

Banken verstehen

www.tredition.de

© 2018 Dirk Nopp

Verlag und Druck: tredition GmbH, Hamburg

ISBN
Paperback: 978-3-7469-5247-5
Hardcover: 978-3-7469-5248-2
e-Book: 978-3-7469-5249-9

Das Werk, einschließlich seiner Teile, ist urheberrechtlich geschützt. Jede Verwertung ist ohne Zustimmung des Verlages und des Autors unzulässig. Dies gilt insbesondere für die elektronische oder sonstige Vervielfältigung, Übersetzung, Verbreitung und öffentliche Zugänglichmachung.

Inhaltsverzeichnis

1 – Vorwort 7

2 – Die Wahl der geeigneten Immobilie 9
   2.1 – Lage, Lage, Lage! 9
   2.2 – Altbau oder Neubau? 11
      2.2.1 – Gebrauchte Häuser 12
      2.2.2 – Gebrauchte Eigentumswohnungen 15
      2.2.3 – Neubau: Haus oder Eigentumswohnung vom Bauträger 16
      2.2.4 – Neubau: Fertighaus 18
      2.2.5 – Eigener Neubau mit Architekt oder Generalunternehmer 20
   2.3 – So ermitteln Sie die Gesamtkosten der Immobilie 22
   2.4 – Alle Kosten auf einen Blick 25
      2.4.1 – Checkliste Gesamtkosten: Gebrauchte Immobilie 25
      2.4.2 – Checkliste Gesamtkosten: Neubau vom Träger 25
      2.4.3 – Checkliste Gesamtkosten: Eigener Neubau 26

3 – Die richtige Finanzierung finden 28
   3.1 – Rund ums Darlehen – die wichtigsten Begriffe 28
   3.2 – Finanzierungsarten einfach erklärt 30
      3.2.1 – Der Vorfinanzierungskredit – Vorsicht bei Bausparverträgen und Co 30
      3.2.2 – Das Annuitätendarlehen – Der Klassiker 32
      3.2.3 – Das Volltilgerdarlehen – Durchgeplant bis zum Schluss .. 35
      3.2.4 – Das variable Darlehen – Flexibilität für Risikofreudige 35
      3.2.5 – Das Cap-Darlehen – Variables Darlehen mit Risikobegrenzung 37
   3.3 – Wissenswertes 38
      3.3.1 – Welche Finanzierungsmöglichkeiten gibt es sonst noch? . 38
      3.3.2– Kann ich auch ohne Eigenkapital ein Darlehen erhalten? . 40
      3.3.3 – Finanzieren oder Internetanbieter? 41
      3.3.4– Wie geht es nach der Zinsbindung weiter? 42

3.3.5 – Kann ich während der Zinsbindungsfrist umfinanzieren? 43

4 – Förderungen von Bund und Ländern 44

4.1 – KfW-Fördermittel 44

4.2 – BAFA-Förderungen 46

4.3 – Kreditmittel der Bundesländer für Neubau und Altbau 46

4.4 – Wohn-Riesterdarlehen und Riester-Bausparen 48

5 – Die größten Fehler der Immobilienfinanzierung 54

6 – Immobilienfinanzierung in der Praxis 61

6.1 – Die Tricks der Berater! 61

6.2 – Die Interessen von Staat, Banken und Versicherungen 62

6.3 – Schritt für Schritt zur Traumimmobilie 64

7 – Absichern für die Zukunft 71

8 – Fazit: Immobilienfinanzierung ist kein Hexenwerk 74

1 – Vorwort

Die wenigsten Menschen können den Kaufpreis einer Immobilie komplett aus eigener Tasche zahlen. Der Schlüssel zum Traumhaus ist dann meistens eine Immobilienfinanzierung. Doch im Dschungel aus Anbietern und Finanzierungsvarianten kann man leicht den Überblick verlieren.

Das Literaturangebot zum Thema ist groß – für die meisten Leser bleibt Immobilienfinanzierung trotzdem ein Buch mit sieben Siegeln. Der Grund: Schwer verständliche Formulierungen, sich gegenseitig widersprechende Ratschläge und viele unnötige Ausführungen, die nur dazu dienen, Seiten zu füllen. Vielen Texten merkt man an, dass den Autoren die praktische Erfahrung mit den Problemen angehender Immobilienbesitzer fehlt. Es kommt außerdem vor, dass Ratgeber Banken zum Sieger von Tests küren, die von den Gewinnern selbst in Auftrag gegeben wurden. Viele Leser kapitulieren irgendwann vor der scheinbaren Komplexität des Themas.

Ich bin seit vielen Jahren als unabhängiger Baufinanzierungs- und Versicherungsberater tätig und mit den Vorgehensweisen der Banken vertraut. Außerdem werde ich tagtäglich mit den Fragen meiner Kunden zum Thema Immobilienfinanzierung konfrontiert und weiß, welche Tipps Immobilienkäufer wirklich brauchen.

Mit diesem Fachbuch erhalten Sie einen praxisorientierten Leitfaden zum Thema Immobilienfinanzierung, in dem alle wichtigen Sachverhalte einfach, übersichtlich und für den Laien verständlich erklärt werden. Sie benötigen keine Bankausbildung oder finanzmathematische Grundkenntnisse, um diesen Ratgeber zu verstehen!

Eines meiner Hauptanliegen ist es, den Lesern mit diesem Buch die Angst vor Bankberatern und Finanzierungsentscheidungen zu nehmen. Viele Immobilienkäufer lassen sich vom Fachjargon der Finanzexperten einschüchtern und schließen dann Finanzierungen ab, ohne deren Vor- und Nachteile wirklich zu verstehen. Das kann viel

Zeit, Mühe und Geld kosten. Wer jedoch die Grundlagen der Immobilienfinanzierung kennt, hat weniger Hemmungen, bei Unklarheiten nachzuhaken und seine eigenen Vorstellungen einzubringen. Die Beschäftigung mit dem Thema lohnt sich also.

Werden Sie aktiv – es geht um IHR Geld!

2 – Die Wahl der geeigneten Immobilie

Der Kauf einer Immobilie ist in vielen Fällen die größte Investition, die Menschen in ihrem Leben tätigen. Eine vorschnelle Entscheidung für ein Kaufobjekt kann unerwartete Folgekosten oder auch einen hohen Wertverlust zur Folge haben. Im ersten Beratungsgespräch werde ich daher häufig gefragt: Was gibt es bei der Wahl einer Immobilie zu beachten? Besser Neubau oder Altbau? In der Stadt oder doch lieber auf dem Land?

2.1 – Lage, Lage, Lage!

Ein wichtiges Kriterium bei der Beurteilung Ihrer Wunschimmobilie ist die Lage. Der Standort einer Immobilie beeinflusst deren Kaufpreis, die zukünftige Wertentwicklung und die Zufriedenheit der Bewohner entscheidend. Langfristig gesehen bestimmt die Lage auch den Wiederverkaufserlös und somit die Rendite der Immobilie. Aber woran erkennt man eine gute Lage?

Aktuell ziehen wieder viele Menschen in die Stadt, so dass die Immobilienpreise in dörflichen Regionen massiv gesunken sind. Informieren Sie sich am besten im Rathaus über die bisherige Entwicklung in der Region und welche Pläne die jeweiligen Städte oder Kommunen für die Zukunft haben. Daran lässt sich gut erkennen, ob später vielversprechende Verkaufsmöglichkeiten für Ihre Immobilie bestehen. Ein Haus auf dem Land beispielsweise, das Sie heute zum Schnäppchenpreis erworben haben, wird beim Wiederverkauf möglicherweise nur eine geringe oder sogar negative Rendite erzielen. Immobilien in den Ballungszentren, insbesondere in Großstädten mit hoher Wirtschaftskraft, sind im Vergleich dazu zwar in der Anschaffung deutlich teurer, langfristig können Sie dafür aber eine Wertsteigerung erwarten.

Wenn Sie Wohnraum vermieten wollen, sollten Sie sich vor dem Kauf über die Entwicklung der Mietpreise am jeweiligen Standort informieren. In vielen deutschen Großstädten sind die Kaufpreise für Immobilien innerhalb der letzten Jahre prozentual gesehen stärker gestiegen als die Mieten. Das bedeutet, dass es heutzutage länger dauert, bis Sie das investierte Geld durch Mieteinnahmen wieder hereingeholt haben.

Wertmindernd für eine Immobilie sind zudem Straßen- und Autobahnlärm, laute Nachbarn, Flugzeuggeräusche oder auch Geruchsbelästigungen, die beispielsweise durch Industriebetriebe oder Tiere hervorgerufen werden. Je nach Tageszeit und Wochentag können diese Faktoren allerdings sehr unterschiedlich wahrgenommen werden: Während des Berufsverkehrs sind mehr Fahrzeuge unterwegs, und Straßenbahnen fahren in kürzeren Abständen. Unter der Woche hört man die streitenden Nachbarn nicht – dafür am Wochenende umso mehr. Manche Makler orientieren sich bei der Vergabe der Besichtigungstermine sogar an den Start- und Landezeiten nahegelegener Flughäfen.

Achten Sie daher darauf, zu welchem Zeitpunkt Sie die Immobilie besichtigen und vereinbaren Sie – wenn möglich – mehrere Besichtigungstermine zu unterschiedlichen Zeiten. Auch durch Gespräche mit den Nachbarn können Sie mehr über die tatsächlichen Gegebenheiten vor Ort in Erfahrung bringen. Manchmal ist es außerdem ratsam, sich bei der örtlichen Polizei über die Einbruchsituation zu informieren.

Eine gute Verkehrsanbindung, nahe gelegene Einkaufsmöglichkeiten sowie ansprechende Betreuungseinrichtungen, Schulen und Freizeitangebote wirken sich hingegen positiv auf den Wert der Immobilie aus. Sehen Sie Bebauungspläne ein, um sich über bevorstehende Projekte in der Umgebung zu informieren. Seien Sie sich aber darüber bewusst, dass einige Vorhaben auf dem Papier anders wirken als in der Realität. Manch ein Neubaugebiet macht auf dem Bebauungsplan einen durchaus ansprechenden Eindruck. Fertiggestellt wirkt es dann allerdings oftmals weniger attraktiv und großzügig. Ich habe schon einige Kunden erlebt, die wieder fortgezogen sind, weil ihre Erwartungen nicht erfüllt wurden.

Denken Sie langfristig! Die Nachfrage nach Wohnraum in Städten steigt stetig. Immobilien in Vierteln, die aktuell noch nicht besonders gefragt sind, können deshalb auf Dauer eine lohnende Investition sein. Wichtig ist es auch zu überlegen, wie lange die Immobilie von Ihnen genutzt werden soll. Ist sie auch als Alterswohnsitz geeignet? Möchten Sie in eine kleinere Wohnung ziehen, wenn die Kinder aus dem Haus sind? Könnte Ihr Job einen Umzug nötig machen? Dann sind die voraussichtlichen Mieteinnahmen und der Wiederverkaufspreis wichtige Lagekriterien.

2.2 – Altbau oder Neubau?

Viele Kunden wollen wissen, welcher Immobilientyp im Hinblick auf eine Baufinanzierung günstiger ist – neu oder gebraucht? Vergleichen Sie Förderangebote und Gesamtkosten. Für Neubauten gibt es mehr staatliche Fördermittel. Hierzu zählt unter anderem die bundesweite Förderung der Kreditanstalt für Wiederaufbau (KfW-Bank). Außerdem können länderspezifische Kreditmittel genutzt werden. In Nordrhein-Westfalen bietet beispielsweise die NRW.Bank spezielle Wohnungsbauförderungen (Wfa-Mittel) an.

Für die Modernisierung von Altbauten werden unter bestimmten Voraussetzungen ebenfalls Fördermittel angeboten. Grundsätzlich fallen die Förderungen für die Finanzierung von Neubauten aber höher aus als die Mittel für die Sanierung von Gebrauchtimmobilien.

Der Blick in die Statistik zeigt, dass Förderkredite in der Vergangenheit meist zu niedrigeren Zinssätzen angeboten wurden als Baukredite der Banken. Ob die Förderungen im Einzelfall tatsächlich vorteilhaft sind, hängt allerdings von der aktuellen Lage auf dem Finanzmarkt und der jeweiligen Situation des Immobilienkäufers ab. Lassen Sie sich deshalb beraten, wie Sie Fördermittel optimal nutzen können und stellen Sie eine individuelle Anfrage für Ihr Vorhaben. Detailliertere Informationen finden Sie auch im Kapitel 4 *Förderungen von Bund und Ländern*.

Unterschiede zwischen neuen und gebrauchten Immobilien gibt es auch beim Kaufpreis: Der ist bei einem Neubau in der Regel deutlich höher als bei einem Altbau. Wenn eine gebrauchte Immobilie kernsaniert werden soll, ist der Gesamtbetrag allerdings schnell ähnlich hoch wie bei einem Neubau.

Neubauten werden bereits nach modernen Vorgaben gebaut. Hier müssen Sie sich nach dem Kauf für einen längeren Zeitraum keine Gedanken über Sanierungen machen. Fertigen Sie deshalb eine detaillierte Auflistung aller Kosten für beide Immobilientypen an, stellen Sie diese gegenüber und wägen Sie dann ab. In jedem Fall sollten Sie prüfen, wie viel Geld Sie selbst für die Finanzierung aufbringen können und welchen Betrag Sie sich leihen können und wollen. Doch was müssen Sie beachten, wenn Sie sich für einen bestimmten Immobilientyp entscheiden?

2.2.1 – Gebrauchte Häuser

Langfristig ist der Wert einer Immobilie von deren Zustand und Lage abhängig. Der Vorteil eines Altbaus liegt auf der Hand: Sie können das Objekt und seine Umgebung vor dem Kauf in Augenschein nehmen. Eine Besichtigung ist hilfreich, um Chancen und Risiken der zukünftigen Wertentwicklung realistisch einschätzen zu können.

Aber: Wer keine Erfahrung auf diesem Gebiet hat, kann selbst gravierende Mängel leicht übersehen. Kunden, die nur auf die Ehrlichkeit des Verkäufers vertrauen, erleben im Nachhinein oft böse Überraschungen. Und für gebrauchte Häuser gilt in der Regel: Gekauft wie gesehen. Das bedeutet, dass der Verkäufer nach Vertragsschluss nur für Mängel haftbar gemacht werden kann, die er bewusst verschwiegen hat. Und das nachzuweisen, ist oft schwierig. Die Frage ist dann: Wollen Sie es im Zweifelsfall wirklich auf ein Gerichtsverfahren ankommen lassen? Und selbst wenn Sie dazu bereit sind: Die Höhe der Entschädigung entspricht leider in vielen Fällen nicht den Erwartungen der Kläger.

Besichtigen Sie das Objekt deshalb unbedingt mit erfahrenen Handwerkern oder einem Gutachter. Die Experten kennen die typischen Schwachstellen einer Immobilie. Der finanzielle Aufwand dafür ist gering im Vergleich zu den zusätzlichen Sanierungskosten, die durch unerkannte Schäden entstehen können.

Nehmen Sie am besten eine Checkliste mit und halten Sie alle Vor- und Nachteile fest. Den Zustand der folgenden Bauelemente sollten Sie dabei unbedingt überprüfen:

- Dach
- Keller
- Fenster
- Heizung
- Mauerwerk
- Wände und Zwischenwände
- Elektroinstallation
- Kamin
- Wasserleitungen
- Heizungsleitungen
- Garagendächer

Achten Sie außerdem auf bestehende Feuchtigkeitsschäden. Diese können hohe Kosten verursachen: Durch Feuchtigkeit hervorgerufener Schimmel an den Wänden oder im Mauerwerk hat meist eine gesundheitsschädigende Wirkung und sollte sofort entfernt werden. Um den Schimmel effektiv und dauerhaft zu beseitigen, ist es in vielen Fällen notwendig, einen Experten zu Rate zu ziehen. Wenn sich die Feuchtigkeit im Mauerwerk ausbreitet, kann dies in schwerwiegenden Fällen außerdem dazu führen, dass die Statik des Gebäudes gefährdet wird.

Auch die folgenden Fragen sollten geklärt werden:

- Sind die Kosten für die Anbindung an das Straßen- und Kanalnetz bereits bezahlt? Diese Gebühren können bis zu vier Jahre nach dem Abschluss der Erschließung anfallen. Auskunft darüber und auch über weitere geplanten Maßnahmen erhalten Sie bei der Stadt oder Gemeinde.
- Welche Sanierungsmaßnahmen wurden innerhalb der letzten 15 Jahre an dem Objekt durchgeführt? Lassen Sie sich alle Rechnungen und Unterlagen zeigen. Diese Informationen benötigen Sie auch für die meisten kreditgebenden Banken.
- Sind vorhandene Schäden am Haus bekannt? Welche Schäden wurden innerhalb der letzten fünf Jahre an die Wohngebäudeversicherung gemeldet?
- Liegen Baugenehmigungen für die gesamte Immobilie vor? Hier gibt das Bauamt Auskunft. In der Praxis fehlen oft Genehmigungen für Wintergärten, Anbauten, Dachgeschosse, Garagen, Carports oder Gartenhäuser. Der Verkäufer muss dann die Genehmigung beantragen, wodurch sich die notarielle Beglaubigung des Kaufvertrags verzögert
- Wie darf das Objekt genutzt werden? Auch diese Information gibt es beim Bauamt. Es kann beispielsweise sein, dass im Dachgeschoss keine Schlafplätze eingerichtet werden dürfen, wenn keine Rettungswege oder ausreichender Feuerschutz vorhanden sind.
- Oder wohnt vielleicht ein Marder oder eine Mausfamilie auf dem Dachboden des Hauses?

Wie Sie sehen, gibt es unzählige Dinge, die zusätzliche Kosten verursachen können und vor dem Kauf unbedingt berücksichtigt werden sollten. Informieren Sie sich deshalb ausreichend über die

Immobilie und halten Sie bei der Besichtigung die Augen offen, um zu einer realistischen Einschätzung der Gesamtkosten zu kommen.

2.2.2 – Gebrauchte Eigentumswohnungen

Wenn Sie eine Eigentumswohnung kaufen, sollten Sie sich die Teilungserklärung genau anschauen. Darin wird geregelt, welche Teile des Gebäudes Gemeinschaftseigentum und welche Teile Sondereigentum sind. Das Gemeinschaftseigentum gehört allen Wohnungseigentümern gemeinsam und wird somit auch von allen zusammen genutzt und instandgehalten. Dazu zählen beispielsweise das Treppenhaus, die Waschküche und die Heizkessel. Sondereigentum gehört nur dem jeweiligen Eigentümer einer Wohnung allein. Garagen, Kellerräume, aber auch Leitungen, die innerhalb der Wohnung verlaufen, sind oft als Sondereigentum deklariert. Der Wohnungseigentümer kann allein darüber bestimmen, muss sich aber auch selbst um Reparaturen kümmern. Die Teilungserklärung gibt Auskunft darüber, welche Rechte und Pflichten auf Sie zukommen.

Möchten Sie wissen, wie die anderen Wohnungseigentümer untereinander harmonieren? Einen ersten Eindruck können Sie sich anhand der Versammlungsprotokolle der Eigentümergemeinschaft verschaffen. Ich empfehle meinen Kunden, die Protokolle der letzten fünf Jahre zu sichten. Darin ist dokumentiert, ob bei Entscheidungen Einigkeit unter den Wohnungseigentümern herrscht. Außerdem können Sie nachlesen, ob es innerhalb der letzten Jahre Schäden an der Immobilie gab und welche Reparaturen und Modernisierungen geplant sind. Viele Eigentümergemeinschaften bilden für solche Fälle Rücklagen. Informieren Sie sich über die angesparte Summe und die anstehenden Maßnahmen. Es lohnt sich auch, Rücksprache mit der Hausverwaltung zu halten. Holen Sie dazu vorher das Einverständnis des bisherigen Wohnungseigentümers ein.

2.2.3 – Neubau: Haus oder Eigentumswohnung vom Bauträger

Selbst Bauherr sein oder Verantwortung und Risiken abgeben? Die Vorteile des Bauens mit einem Bauträger liegen auf der Hand: Er kümmert sich um die Planung, Durchführung und alle erforderlichen Genehmigungen. Außerdem steht – zumindest theoretisch – schon zu Beginn des Baus der spätere Kaufpreis fest. Ihr Mitspracherecht bei der Gestaltung der Immobilie hält sich allerdings in Grenzen, da der Bauträger in der Regel viele Häuser vom gleichen Typ errichtet und das äußere Erscheinungsbild somit bereits vorgegeben ist. Sonderwünsche sind meistens teuer.

Claus Clever erklärt: Wo ist der Unterschied zwischen einem Bauherrn und einem Bauträger?

Ein **Bauherr** ist der Auftraggeber eines Bauvorhabens. Er trägt die rechtliche und wirtschaftliche Verantwortung bei der Durchführung. Das bedeutet, dass er die Einhaltung aller gesetzlichen und vertraglichen Vorgaben überwachen muss und dafür haftet. Die Überwachungsfunktion kann er allerdings auch delegieren. Er hat außerdem dafür zu sorgen, dass er über die notwendigen finanziellen Mittel verfügt. Wer ein Haus in Eigenregie baut oder ein Fertighaus errichten lässt, ist selber Bauherr.

Ein **Bauträger** ist ein Unternehmer, der Grundstücke kauft, um darauf Wohngebäude zu errichten. Als Käufer erwerben Sie dann zum Pauschalpreis das Haus oder eine der darin gelegenen Wohnungen zusammen mit dem Grundstück oder Grundstücksteil. Formal gesehen ist der Bauträger solange auch der Bauherr, bis das Grundstück und die Immobilie im Grundbuch auf den Käufer eingetragen werden. Er ist dementsprechend für die Planung und Durchführung verantwortlich und trägt bis zur Fertigstellung die finanziellen Risiken des Bauvorhabens.

Wenn Sie mit einem Bauträger bauen, schließen Sie mit diesem einen Werkvertrag ab, durch den er mit der Erstellung des Hauses oder der Wohnung beauftragt wird. Hier empfehle ich Ihnen, den Vertrag von einem Juristen oder einem Architekten überprüfen zu lassen, weil es nicht selten vorkommt, dass die Verträge nicht den üblichen Standards oder Bauausführungen entsprechen.

Darauf sollten Sie achten:

- Alle geplanten Bauausführungen sollten bis ins kleinste Detail aufgeführt werden – ansonsten wird oft minderwertige Qualität geliefert.
- Lassen Sie sich bei spontanen Änderungen nach Baubeginn die Kosten für diese Maßnahmen immer vorab schriftlich bestätigen, um sich gegen explodierende Zusatzkosten abzusichern.
- Verlassen Sie sich generell nicht auf mündliche Absprachen.
- Kalkulieren Sie die Fertigstellungskosten ein. Sie fallen für Restarbeiten an, die der Bauträger nicht ausführt. Halten Sie vertraglich genau fest, was nicht übernommen wird oder vereinbaren Sie die komplette Fertigstellung durch den Bauträger (siehe auch Kapitel 2.3 *So ermitteln Sie die Gesamtkosten der Immobilie*).
- Schauen Sie sich die Musterhäuser des Bauträgers an. Bei unbekannten Anbietern können Sie sich durch Erfahrungsberichte im Internet über die Zufriedenheit anderer Immobilienkäufer informieren.
- Schließen Sie den Kaufvertrag für das Grundstück und den Werkvertrag nicht unabhängig voneinander, sondern als Gesamtvereinbarung ab. Das ist vor allem für Gewährleistungsfragen bedeutsam.

Durch eine Auflassungsvormerkung im Grundbuch können Sie außerdem Ihren Status als zukünftiger Eigentümer der Immobilie rechtlich absichern.

2.2.4 – Neubau: Fertighaus

Der Anteil der Neubauten, die in Fertigbauweise entstehen, ist in den letzten Jahren stetig gestiegen. Das grundlegende Prinzip eines Fertighauses: Die einzelnen Bauteile wie Dach und Wände werden vom Hersteller im Werk vorgefertigt und müssen am finalen Standort nur noch zusammengesetzt werden, sodass dort innerhalb von kurzer Zeit ein komplettes Haus entsteht. Viele Fertighaus-Firmen bieten Standardmodelle zu günstigen Preisen an, für Sonderausstattungen und individuelle Anpassungswünsche muss man aber oft tief in die Tasche greifen.

Bei der Wahl des Herstellers ist Vorsicht geboten: Auf dem Markt tummeln sich viele schwarze Schafe. Auf die Online-Bewertungen anderer Hauskäufer kann man sich nur bedingt stützen, da einige Anbieter soweit gehen, dass sie unseriöse Seiten mit positiven Erfahrungsberichten ins Netz stellen.

Unseriöse Firmen machen oftmals keine Kostenvoranschläge und geben nur unvollständige Unterlagen heraus, um die Vergleichbarkeit mit anderen Anbietern zu erschweren. Einige Hersteller werben außerdem mit extrem günstigen Paketpreisen, ohne den genauen Umfang der Leistungen anzugeben. Vertraglich bindend sind nur die Vereinbarungen, die in der sogenannten Bauleistungsbeschreibung schriftlich festgehalten werden. Hier sollte detailliert aufgeschlüsselt sein, welche Arbeiten des Herstellers im Preis enthalten sind und welche Materialien verwendet werden.

Was als „fertig" definiert wird, kann von Anbieter zu Anbieter sehr unterschiedlich sein. In manchen Verträgen sind diese Angaben bewusst unpräzise gehalten und unübersichtlich dargestellt, um Zusatzkosten zu verschleiern. Für minimale Anpassungen des Standardhauses werden dann teilweise horrende Aufschläge fällig, oder die Kosten für den Statiker müssen zusätzlich gezahlt werden. Im Kleingedruckten kann sich sogar die Information verbergen, dass der Käufer das Fundament des Hauses selbst legen muss. Mein Tipp: Wenn ein Anbieter auf Nachfrage keine Angaben dazu machen kann, welche Arbeiten NICHT übernommen werden, sollten bei Ihnen sämtliche Alarmglocken schrillen.

Lassen Sie sich nicht durch hartnäckige Vertriebsmitarbeiter der Fertighaus-Hersteller unter Druck setzen. Einige Firmen versuchen, potentielle Kunden mit kurzfristigen Aktionsangeboten zu schnellen Vertragsabschlüssen zu bewegen. Sie sollten Ihre Entscheidung jedoch keinesfalls überstürzt treffen und grundsätzlich immer einen Experten zurate ziehen, der die Verträge vor der Unterzeichnung eingehend prüft. Unterschreiben Sie außerdem nichts, bevor ein geeignetes Grundstück für Ihre Immobilie gefunden wurde. Und wenn Ihnen geraten wird, zusammen mit dem Vertrag ein Versicherungspaket oder eine Baufinanzierung inklusive Bausparvertrag abzuschließen, können Sie davon ausgehen, dass davon in erster Linie der Anbieter profitiert.

Auch bei der Überwachung und Abnahme der Bauarbeiten kann es zu Schwierigkeiten kommen. Da der Bauleiter für die Fertighaus-Firma arbeitet, sollten Sie von ihm keine Neutralität erwarten. Er vertritt in erster Linie die Interessen seines Auftraggebers und handelt in dessen Sinne. Es ist deshalb empfehlenswert, die Unterstützung eines unabhängigen Sachverständigen in Anspruch zu nehmen. Viele Fertighausanbieter beauftragen außerdem ein ganzes Heer an Subunternehmern. Je mehr Parteien beteiligt sind, desto komplizierter wird es, die Zuständigkeiten voneinander abzugrenzen. Große Probleme entstehen vor allem dann, wenn die Käufer später Gewährleistungsansprüche geltend machen wollen. Oft lässt sich nicht mehr eindeutig feststellen, wer für die Fehler verantwortlich ist. Wer einen Hersteller wählt, der die Arbeiten von eigenen

Mitarbeitern durchführen lässt, ist zumindest bei Zuständigkeitsfragen auf der sicheren Seite.

2.2.5 – Eigener Neubau mit Architekt oder Generalunternehmer

Auch ohne Bauträger oder Fertighaus-Firma können Sie ein Haus errichten. Diese Variante wird selten gewählt, bietet sich aber an, wenn Sie bereits ein Grundstück besitzen oder konkret vorhaben, eines zu kaufen. In diesem Fall beauftragen Sie einen Architekten mit der Erstellung der Baupläne. Der offensichtliche Vorteil besteht darin, dass Sie die Immobilie nach ihren individuellen Vorstellungen gestalten können. Unterschätzen Sie aber auf keinen Fall den enormen Zeit- und Koordinationsaufwand, den die Planung und Durchführung mit sich bringt. Außerdem fallen die tatsächlichen Kosten und die Dauer des Baus oft höher aus als zu Beginn kalkuliert.

Für die eigentliche Bauphase haben Sie verschiedene Optionen: Eine Möglichkeit ist es, den Architekten damit zu beauftragen, die Handwerker auszuwählen, die sachgemäße Durchführung der Arbeiten zu beaufsichtigen und den Baufortschritt zu überprüfen. Der Architekt wird dadurch allerdings nicht zum Vertragspartner der beteiligten Firmen – das bleiben Sie als Bauherr selbst. Deshalb kann der Architekt auch nur in beschränktem Maße haftbar gemacht werden, wenn die Handwerker ihre Arbeit nicht ordnungsgemäß ausführen. Gewährleistungsansprüche müssen Sie direkt an die einzelnen Handwerksbetriebe richten. Gerade wenn viele verschiedene Firmen beteiligt sind, kann das zu Problemen führen, die eine Verzögerung des Baus und unerwartete Kosten zur Folge haben.

Wer die Koordination und Durchführung der Arbeiten lieber in einer Hand bündeln möchte, kann einen Generalunternehmer mit der Durchführung des gesamten Bauvorhabens betrauen. Er vergibt die Teilarbeiten an Subunternehmer und ist für die sach- und fristgemäße Durchführung aller Arbeiten verantwortlich. In diesem Fall ist nur der Generalunternehmer ihr Vertragspartner. Er haftet für alle vereinbarten Leistungen. Ähnlich wie mit einem Bauträger schließen Sie mit dem Generalunternehmer einen Werkvertrag ab, der wiederum vor der Unterzeichnung von einem Experten geprüft werden sollte.

> *Claus Clever erklärt: Was ist ein Generalunternehmer?*
>
> Ein **Generalunternehmer** wird vom Bauherren mit der Durchführung und Koordination aller Bauarbeiten beauftragt, ist jedoch nicht für die vorherige Planung und die Finanzierung verantwortlich. Auch wenn der Generalunternehmer Subunternehmer mit bestimmten Arbeiten beauftragt, ist nur er selbst der Vertragspartner des Bauunternehmers.

Mein Tipp: Egal für welchen Immobilientyp und welche Bauvariante Sie sich entscheiden: Es ist immer sinnvoll, einen Gebäudesachverständigen zu beauftragen. Bei Neubauten berät dieser Sie während der kompletten Bauphase und unterstützt Sie bei Bauabnahmen. Bei Altbauten überprüft er den Zustand des Gebäudes und überwacht den Fortschritt bei Kernsanierungen. Er weiß in der Regel auch, welche Förderprogramme Sie für Ihr Vorhaben nutzen können und erstellt die Anträge für die Banken.

Auch wenn Sie alle Ratschläge befolgen, läuft nicht immer alles nach Plan. Ich rate Bauherren deshalb dazu, sich gegen Baumängel und andere Risiken abzusichern. Mehr Informationen zu diesem Thema erhalten Sie im Kapitel 7 *Absichern für die Zukunft*.

2.3 – So ermitteln Sie die Gesamtkosten der Immobilie

Für welche Immobilie man sich entscheidet, hängt in der Regel entscheidend davon ab, wie viel man am Ende bezahlen muss. Welche Kosten fallen neben dem Kaufpreis an?

Erwerbsnebenkosten: Hierbei handelt es sich um Kosten, die unmittelbar mit dem Immobilienkauf zusammenhängen. Dazu gehören:

- *Kosten für die notarielle Beglaubigung* des Kaufvertrags und Grundbucheintrag. Rechnen Sie mit ungefähr 2% des Kaufpreises.
- *Grunderwerbssteuer*: Je nach Bundesland werden im Schnitt 6,5% des Kaufpreises fällig – in Bayern und Sachsen-Anhalt sind es nur 3,5%. Ein Sonderfall ist die Erbpacht: Die Grunderwerbssteuer liegt hier bei 7% oder höher.
- *Maklerprovision*: Die Provision liegt üblicherweise zwischen 3% und 7% des Kaufpreises. Bei Vermittlung über einen Makler ist es gängig, dass der Käufer die Provision bezahlt. In vielen Bundesländern ist aber mittlerweile gesetzlich geregelt, dass die Kosten nur bis zu einem bestimmten Prozentsatz alleine auf den Käufer entfallen dürfen. Die Provision ist außerdem verhandelbar.

Die Erwerbsnebenkosten sind also ein erheblicher Faktor innerhalb der Gesamtkosten. Wenn Sie eine Immobilie zum Kaufpreis von 100.000 Euro erwerben, können die Nebenkosten mit bis zu 15.000 Euro zu Buche schlagen. Wichtig zu wissen: Die Banken erwarten in der Regel, dass Sie diese Kosten selbst aufbringen können.

> *Claus Clever erklärt: Was ist Erbpacht?*
>
> Unter **Erbpacht** versteht man, dass Sie das Grundstück, auf dem Sie Ihr Haus errichten, nicht kaufen, sondern für die Dauer eines vertraglich festgelegten Zeitraums – in der Regel mehrere Jahrzehnte – pachten. Sie bauen also auf fremdem Boden. Für die Abtretung der Nutzungsrechte leisten Sie dann in regelmäßigen Abständen Zahlungen an den Grundstückseigentümer. Für Hausbauer, denen die Mittel fehlen, um ein Haus UND das zugehörige Grundstück zu finanzieren, kann die Erbpacht eine attraktive Alternative sein. Nach dem Ende der Vertragslaufzeit geht das Gebäude in den Besitz des Grundstückseigentümers über. Dieser muss Ihnen dafür eine angemessene Entschädigung zahlen

Modernisierungskosten: Wenn Sie eine gebrauchte Immobilie kaufen, müssen Sie auch die Kosten für die Modernisierung einkalkulieren. Achtung: Über eine Baufinanzierung können Sie nur Maßnahmen finanzieren, die den Wert des Hauses erhöhen. Dazu gehört beispielsweise die Installation einer energieeffizienten Heizungsanlage oder die Dämmung des Daches. Neue Möbel oder eine Einbauküche hingegen müssen Sie aus eigener Tasche oder mit einem gewöhnlichen Kredit finanzieren.

Vorarbeiten und Fertigstellungskosten: Fertighaus-Anbieter setzen oft voraus, dass der Bauherr gewisse Vorarbeiten selbst übernimmt. Dazu können beispielsweise das Einholen behördlicher Genehmigungen oder sogar die Erschließung des Grundstücks gehören. Wer die vertraglichen Leistungen des Anbieters nicht genau überprüft, wird von den daraus resultierenden Zusatzkosten oft kalt erwischt.

Fertighäuser und Neubauten vom Bauträger oder Generalunternehmer werden oft „schlüsselfertig" übergeben. Das bedeutet, dass einige Arbeiten nicht im vereinbarten Kaufpreis enthalten sind.

Dazu gehören in der Regel Malerarbeiten, das Verlegen von Bodenbelägen, der Ausbau des Dachs und die vollständige Erstellung der Außenanlagen. Eine exakte rechtliche Definition des Begriffs gibt es nicht. Die zusätzlichen Kosten werden bei der Kalkulation oft vernachlässigt oder zu niedrig angesetzt.

Wie sieht es aus, wenn Sie selbst bauen? Bevor Sie mit der Planung und Durchführung Ihres Neubaus beginnen, kaufen Sie in der Regel zunächst das Grundstück. Dieses muss unter Umständen noch mit dem Ver- und Entsorgungsnetz sowie dem Straßennetz verbunden werden, wofür Erschließungskosten anfallen.

Wenn Sie den eigentlichen Hausbau als Gesamtauftrag von einem Generalunternehmer durchführen lassen, handeln Sie im Normalfall einen Festpreis aus, der alle anfallenden Arbeiten beinhaltet. Wenn Sie mit mehreren Vertragspartnern zusammenarbeiten, müssen Sie alle Posten, die sonst im Gesamtpreis zusammengefasst werden, einzeln kalkulieren.

Eigenleistung – Kostenreduzierung durch Muskelkraft? Beim Bau einer Immobilie können Sie auch selbst mit anpacken. Dadurch sinken die Gesamtkosten für das Objekt. Der Lohn, den ein Handwerker für die von Ihnen durchgeführten Arbeiten erhalten würde, wird als Eigenleistung bezeichnet. Die Banken rechnen diesen als eine Art fiktiven Betrag zu der Summe, die Sie aus eigener Tasche für die Finanzierung der Immobilie aufbringen können.

Dadurch können Sie unter Umständen bessere Konditionen für Ihr Darlehen bekommen. Hobby-Handwerker unterschätzen allerdings in vielen Fällen den tatsächlichen Aufwand. Die Motivation hilfsbereiter Freunde und Verwandter lässt mit der Zeit meistens nach. Auch für die Bauherren selbst ist es schwer, die Doppelbelastung aus Arbeiten und Bauen für mehrere Jahre durchzuhalten, sodass dann doch nachfinanziert werden muss.

2.4 – Alle Kosten auf einen Blick

Anhand dieser Checklisten können Sie die Gesamtkosten für die verschiedenen Immobilientypen zusammenstellen. Die Zahlen sind nur beispielhaft – sie sollen Ihnen eine Vorstellung davon vermitteln, auf welche Kosten Sie sich einstellen müssen.

2.4.1 – Checkliste Gesamtkosten: Gebrauchte Immobilie

1.	Kaufpreis bei Erbpacht: ohne Grundstück	300.000 EUR +
2.	Notar- und Grundbuchkosten (2%)	6.000 EUR +
3.	Grunderwerbssteuer (6,5%)	19.500 EUR +
4.	Maklerprovision (3,57%)	10.710 EUR +
5.	Modernisierungskosten	10.000 EUR +
	Gesamtkosten	**346.210 EUR =**

2.4.2 – Checkliste Gesamtkosten: Neubau vom Bauträger

1.	Kaufpreis inklusive Grundstück	350.000 EUR +
2.	Notar- und Grundbuchkosten (2%)	7.000 EUR +
3.	Grunderwerbssteuer (6,5%)	22.750 EUR +
4.	Fertigstellungskosten	10.000 EUR +
5.	Maklerprovision (3,57%); üblicherweise aber Innencourtage	12.495 EUR +
	Gesamtkosten	**402.245 EUR =**

2.4.3 – Checkliste Gesamtkosten: Eigener Neubau

I.	**Kosten des Baugrundstücks**	
1.	**Grundstück**	
a)	Grundstückskosten	130.000 EUR +
b)	Erschließungskosten / Anliegerbeiträge öffentl. Erschließung	10.000 EUR +
2.	**Erwerbsnebenkosten**	
a)	Notar- u. Grundbuchkosten (2%)	2.600 EUR +
b)	Grunderwerbssteuer (6,5%)	8.450 EUR +
c)	Maklerprovision (3,57%)	4.641 EUR +
d)	Sonstige Kosten (Bauvoranfrage, Bodengutachten, Architekt, Statiker, Behörden)	10.000 EUR +
II.	**Baukosten**	
	Hausbauvertrag – Gesamtauftrag	200.000 EUR +
	oder **Einzelgewerke**	
1.	Erdarbeiten	20.000 EUR +
2.	Maurer-, Beton-, Putz- und Isolierungsarbeiten	80.000 EUR +
3.	Zimmererarbeiten	10.000 EUR +
4.	Dachdeckerarbeiten	20.000 EUR +
5.	Klempnerarbeiten	10.000 EUR +
6.)	Sanitär-Installation	10.000 EUR +
7.	Heizungsarbeiten	10.000 EUR +
8.	Elektro-Installation	10.000 EUR +
9.	Metallbauarbeiten	5.000 EUR +

10.	Fußbodenarbeiten (Estrich, Belag)	15.000 EUR +
11.	Fliesenarbeiten	10.000 EUR +
12.	Natur- u. Betonwerkeinarbeiten	10.000 EUR +
13.	Tischlerarbeiten	10.000 EUR +
14.	Glaserarbeiten	5.000 EUR +
15.	Malerarbeiten	10.000 EUR +
16.	Rolladenarbeiten	5.000 EUR +
17.	Sonstiges	5.000 EUR +
18.	*Eigenleistung von o.g. Position abgezogen*	*15.000 EUR -*
II.	**Baunebenkosten**	
1.	Architekten- und Statikergebühren	10.000 EUR +
2.	Verwaltungs- bzw. Behördenkosten	1.000 EUR +
3.	Kosten Beschaffung Finanzierungsmittel / Bauzeit / Miete	5.000 EUR ++
4.	Sonstige Baunebenkosten	1.000 EUR +
5.	Erschließungskosten	
a)	Abfindungen / Entschädigungen	1.000 EUR +
b)	Herrichten des Bauplatzes	2.000 EUR +
6.	Wasseranschluss	1.000 EUR +
7.	Gas und Elektrizitätsanschluss	3.000 EUR +
8.	*Eigenleistung von o.g. Position abgezogen*	*5.000 EUR -*
	Gesamtkosten	**664.691 EUR =**

3 – Die richtige Finanzierung finden

Annuitätendarlehen, Arbeitgeberdarlehen, Förderkredit der KfW – viele Wege führen zum Traumhaus. Oft ist es sinnvoll, nicht nur ein einziges Darlehen in Anspruch zu nehmen, sondern die benötigte Summe auf mehrere sogenannte Finanzierungsbausteine aufzuteilen. Bevor ich darauf eingehe, was Sie bei der Planung Ihrer Finanzierung unbedingt beachten sollten, möchte ich Ihnen die wichtigsten Begriffe, die nachfolgend immer wieder auftauchen, kurz erklären.

3.1 – Rund ums Darlehen – die wichtigsten Begriffe

Darlehen: Bei einem Darlehen leiht sich ein Kreditnehmer – das sind Sie! – für einen bestimmten Zeitraum Geld von einem Kreditgeber. Dabei handelt es sich in den meisten Fällen, aber nicht zwingend, um eine Bank. Ein Darlehen und ein Kredit sind im Prinzip das Gleiche – bei der Immobilienfinanzierung wird meistens der Begriff Darlehen verwendet, weil es um höhere Summen und längere Zeiträume geht.

Tilgung: Das geliehene Geld müssen Sie natürlich wieder zurückzahlen. Das passiert nicht auf einen Schlag, sondern in der Regel durch monatliche Zahlungen über einen langen Zeitraum verteilt. Dadurch wird mit der Zeit die Summe, die Sie der Bank schulden, immer kleiner. Die Tilgung ist der Betrag, der von Ihren Schulden abgezogen wird.

Zinsen und Zinssatz: Die Bank leiht Ihnen das Geld nicht umsonst. Sie verlangt dafür eine jährliche Gebühr: Die Zinsen. Diese müssen zusätzlich zur Tilgung bezahlt werden. Mit der Bank vereinbaren Sie einen Zinssatz, also die Höhe der Zinsen in Prozent. Am Ende jeden Jahres wird dieser Prozentsatz auf die Schulden erhoben, die Sie zu diesem Zeitpunkt noch haben. Je geringer Ihre

Restschuld ist – also je mehr Sie schon getilgt haben –, desto weniger Zinsen müssen Sie auch zahlen.

Beispiel: Claus und Annica haben 100.000 Euro Schulden bei der Bank. Auf diese Summe wird ein Zinssatz von 2% erhoben. Die zu zahlenden Zinsen betragen dann im ersten Jahr 2.000 Euro. Nehmen wir an, dass Claus und Annica durch die Tilgung nach 4 Jahren bereits 10.000 Euro zurückgezahlt haben. Sie haben also noch 90.000 Euro Schulden. Diese Summe wird nun wieder mit 2% verzinst. Die zu zahlenden Zinsen betragen in diesem Jahr dann nur noch 1.800 Euro.

Zinsbindung: Als Zinsbindung oder Zinsfestschreibung wird ein mit der Bank vereinbarter Zeitraum bezeichnet, in dem sich die Höhe des Zinssatzes nicht ändert. Sie wissen also schon im Voraus, wie viele Zinsen Sie zahlen müssen – egal, wie sich die Bauzinsen entwickeln. Je länger der festgelegte Zeitraum ist, desto höher fällt der Zinssatz aus. Wenn die Zinsbindung endet, werden die Konditionen neu festgelegt, oder Sie lösen das Darlehen ab und wechseln zu einem anderen Anbieter.

Laufzeit und Gesamtlaufzeit: Mit dem Begriff Laufzeit ist normalerweise der Zeitraum der Zinsbindung gemeint. Die Gesamtlaufzeit hingegen bezieht sich auf den Zeitraum, bis Sie Ihre Schulden komplett abbezahlt haben.

Sondertilgung: Eine Sondertilgung ist eine außerplanmäßige Rückzahlung. Wenn Sie mehr Geld zur Verfügung haben als zu Anfang kalkuliert, können Sie zusätzlich zu der monatlichen Tilgung einen größeren Betrag auf einen Schlag zurückzahlen. Dadurch sinkt die Restschuld, und die Zinsen fallen niedriger aus. Die Höhe der jährlich möglichen Sondertilgungen wird im Darlehensvertrag festgelegt.

3.2 – Finanzierungsarten einfach erklärt

In den meisten Fällen ist klar: Für die Finanzierung einer Immobilie müssen Sie sich Geld leihen. Doch es gibt verschiedene Finanzierungsmöglichkeiten, die sich hinsichtlich der Tilgung, der Zinsen und der Laufzeit unterscheiden. Grundsätzlich sollte ein Darlehen die folgenden Vorgaben erfüllen:

Zinssatz:	niedrig
Gesamtlaufzeit:	kurz
Tilgung:	hoch
Gesamtkosten:	niedrig
Zinsfestschreibung:	so lange wie nötig
Sondertilgungsoption:	mindestens 5 % pro Jahr
Tilgungsänderungsoption:	2 % bis 5 %

3.2.1 – Der Vorfinanzierungskredit – Vorsicht bei Bausparverträgen & Co

Wie funktioniert's? Wenn Sie zum Beispiel bei Ihrer Hausbank einen Bausparvertrag abschließen, gewährt diese Ihnen ein Darlehen den Vorfinanzierungskredit. Als Sicherheit dafür treten Sie aber Ihren Bausparvertrag an die Bank ab. Sie zahlen in den Bausparvertrag ein und erhalten Zinsen für das Guthaben, bis der Vertrag „zuteilungsreif" wird. Das passiert, wenn Sie über einen festgelegten Mindestzeitraum einen Mindestbetrag angespart haben. Bis dahin müssen Sie Ihre Schulden aus dem Vorfinanzierungskredit nicht zurückzahlen. Es fallen aber Zinsen auf die geliehene Summe an, die Sie bezahlen müssen.

Wenn der Bausparvertrag dann zugeteilt wird, erhalten Sie ein Bauspardarlehen, mit dem Ihr Vorfinanzierungskredit abgelöst wird. Daraufhin zahlen Sie das Bauspardarlehen in Raten ab. Die Höhe der Zinsen, die Sie für das Bauspardarlehen zahlen müssen, wird schon bei Abschluss des Bausparvertrages festgelegt. Vorfinanzierungskredite aus abgetretenen Lebens- oder Rentenversicherungen basieren auf dem gleichen Prinzip.

Vorteile:	• Die gibt es eigentlich nur für Vermieter – sie können unter bestimmten Umständen die Zinsen, die für den Vorfinanzierungskredit anfallen, als Werbungskosten absetzen
Nachteile:	• Die Zinsen, die Sie für das Bausparguthaben erhalten, fallen oft sehr gering aus, sodass damit oft nicht einmal die Abschlussgebühr wieder hereingeholt werden kann • Ihre Schulden sinken bis zur Zuteilung des Bauspardarlehens nicht – deshalb werden jedes Jahr Zinsen für die gesamte Summe fällig

Gut zu wissen: Der Bausparvertrag wird von Bankberatern sehr gerne empfohlen, da sie einen Teil der Abschlussgebühr als Provision erhalten. Die Abschlussgebühr beträgt in der Regel ungefähr 1% der späteren Bauspardarlehenssumme. Die Berater werben einerseits mit den Zinsen, die Sie für das angesparte Guthaben erhalten. Andererseits preisen Sie die Vorteile des günstigen Bauspardarlehens an, das Sie später in Anspruch nehmen können. Wegen der Abschlussgebühr und der Zinsen für den Vorfinanzierungskredit überwiegen in der Regel aber die Nachteile – mit einer anderen Finanzierungsform kommen Sie günstiger weg und sind schneller wieder schuldenfrei.

Ist diese Finanzierung für mich geeignet? Nur in wenigen Fällen. Vermieter profitieren unter Umständen von steuerlichen Vorteilen.

Informieren Sie sich unbedingt ausführlich, bevor Sie einen solchen Vertrag abschließen.

3.2.2 – Das Annuitätendarlehen – Der Klassiker

Wie funktioniert's? Sie zahlen jeden Monat den gleichen Betrag an die Bank – die Höhe der Raten ändert sich während der gesamten Laufzeit nicht. Der Betrag, der so jährlich zusammenkommt, wird als Annuität bezeichnet. Durch die Raten zahlen Sie nach und nach Ihre Schulden zurück. Gleichzeitig enthalten Sie die fälligen Zinsen. Wenn die Restschuld sinkt, müssen Sie weniger Zinsen zahlen. Da die monatliche Rate sich aber nicht ändert, steigt der Anteil der Tilgung. Ihre Restschuld reduziert sich also immer schneller. Der Zinssatz wird über einen längeren Zeitraum festgeschrieben. Danach wird neu verhandelt.

Vorteile:	• Planungssicherheit bis zum Ende der Zinsfestschreibung • Steigender Anteil der Tilgung bei gleichbleibender Rate
Nachteile:	• Geringe Sondertilgungsmöglichkeiten

Gut zu wissen: Je höher die zu Anfang vereinbarte Tilgung ist, desto schneller sinkt Ihre Restschuld. Und anhand der Restschuld werden die zu zahlenden Zinsen berechnet. Auch durch Sondertilgungen kann die Restschuld reduziert werden. Annuitätendarlehen werden unter anderem von der KfW-Bank und im Rahmen anderer öffentliche Kreditmittel der Länder angeboten.

Ist diese Finanzierung für mich geeignet? Diese Finanzierungsform wird sehr häufig genutzt. Sie bietet durch die gleichbleibenden Raten Planungssicherheit bis zum Ende der Laufzeit. Wenn Sie über einen längeren Zeitraum genau wissen wollen, was Sie zahlen müssen, bietet sich diese Variante an.

Beispiel: Claus und Annica möchten gemeinsam eine Eigentumswohnung kaufen. Dafür beantragen Sie bei der Bank ein Darlehen über 100.000 Euro. Im Vertrag wird vereinbart, dass die beiden jeden Monat 500 Euro, also 6.000 Euro pro Jahr, an die Bank überweisen. Der Zinssatz, den die beiden jährlich für ihr Darlehen zahlen müssen, wird auf 2% festgelegt. Diese Vereinbarung gilt für 10 Jahre. Die nachfolgende Tabelle zeigt die Entwicklung von Zinsen und Tilgung für Claus und Annica innerhalb der ersten zwei Jahre.

	1. Jahr	2. Jahr
Annuität	6.000€	6.000€
	Claus und Annica haben ihr Darlehen erhalten und beginnen mit der Rückzahlung. Sie überweisen monatlich 500 Euro an die Bank. Am Ende des Jahres kommen so 6.000 Euro zusammen.	Claus und Annica zahlen weiterhin monatlich 500 Euro an die Bank. Die jährliche Summe liegt also unverändert bei 6.000 Euro.
Zinsen	2.000€	1.920€
	Mit der Annuität werden zunächst die Zinsen für das Darlehen bezahlt. Claus und Annica	Claus und Annica müssen wieder Zinsen bezahlen, und zwar 2% der Summe, die sie der Bank

	haben zu Beginn des ersten Jahres 100.000 Euro Schulden bei der Bank. 2% von diesem Betrag müssen sie der Bank als Zinsen bezahlen. Das sind 2.000 Euro.	noch schulden. Da ihre Schulden niedriger sind als noch vor einem Jahr, ist auch der zu zahlende Betrag geringer: Bei 96.000 Euro Restschuld belaufen sich die Zinsen auf 1.920 Euro.
Tilgung	**4.000€** Nachdem die Zinsen beglichen wurden, sind noch 4.000 Euro von der Annuität übrig. Mit diesem Betrag zahlen Claus und Annica einen Teil ihrer Schulden an die Bank zurück. Die 4.000 Euro werden also von den 100.000 Euro abgezogen, die sie sich von der Bank geliehen haben.	**4.080€** Nach Abzug der Zinsen bleiben von der Annuität noch 4.080 Euro übrig, mit denen Claus und Annica einen Teil ihrer Restschuld von 96.000 Euro begleichen können. Die Tilgung ist im Vergleich zum Vorjahr um 80 Euro höher. Die Restschuld sinkt also stärker.
Restschuld am Ende des Jahres	**96.000€** Ein Jahr nach der Aufnahme des Darlehens schulden Claus und Annica der Bank also noch 96.000 Euro.	**91.920€** Zwei Jahre nach Aufnahme des Darlehens schulden Claus und Annica der Bank noch 91.920 Euro.

Das Beispiel verdeutlicht das Prinzip des Annuitätendarlehens: Der Betrag, den Claus und Annica an die Bank zahlen, bleibt immer gleich. Die Aufteilung innerhalb der Rate verändert sich aber: Der Zinsanteil reduziert sich, und der Tilgungsanteil erhöht sich. Im zehnten Jahr betragen die Zinsen nur noch 1.220 Euro, die Tilgung aber bereits 4.780 Euro. Am Jahresende beläuft sich die Restschuld von Claus und Annica noch auf rund 60.980 Euro.

3.2.3 – Das Volltilgerdarlehen – Durchgeplant bis zum Schluss

Wie funktioniert's? Das Volltilgerdarlehen funktioniert im Prinzip wie ein Annuitätendarlehen. Die monatliche Zahlung wird aber so gewählt, dass alle Schulden bereits zurückgezahlt sind, wenn die Zinsfestschreibung endet. Viele Banken gewähren in diesem Fall einen Rabatt von 0,1% bis 0,4% auf den Zinssatz.

Vorteile:	• Planungssicherheit bis zur Schuldenfreiheit • Kein Zinsrisiko • Rabatt auf den Zinssatz
Nachteile:	• In der Regel keine Sondertilgungsmöglichkeiten • Keine Neuverhandlungsmöglichkeit bei sinkenden Zinsen

3.2.4 – Das variable Darlehen – Flexibilität für Risikofreudige

Wie funktioniert's? Sie verzichten auf eine Zinsfestschreibung. Stattdessen wird der Zinssatz monatlich, quartalsweise oder im Abstand von sechs Monaten an die aktuelle Höhe eines Referenzzinssatzes angepasst.

Claus Clever erklärt: Was ist der Referenzzinssatz EURIBOR?

Bei einem variablen Darlehen wird zur Festlegung der Zinshöhe meistens der **EURIBOR** herangezogen. Er gibt an, zu welchem Zinssatz sich bestimmte europäische Banken untereinander Geld leihen. Der Wert des EURIBOR wird täglich neu ermittelt, indem der Durchschnittswert aus den Angaben von 24 ausgewählten Banken gebildet wird, die allmorgendlich ihre aktuellen Zinskonditionen übermitteln.

Vorteile:	• Sondertilgungen in unbegrenzter Höhe sind jederzeit möglich • Kurze Kündigungsfrist • Zinssenkungen werden direkt an den Kunden weitergegeben • Umwandlung in Festzinskredit jederzeit möglich
Nachteile:	• Risiko höherer Kosten bei steigenden Zinsen

Gut zu wissen: Manche Banken berechnen bei dieser Finanzierungsvariante eine Bearbeitungsgebühr von 1% der Darlehenssumme. Gesetzlich erlaubt ist das jedoch nicht. Theoretisch besteht natürlich die Gefahr, dass die Zinsen in schwindelerregende Höhen klettern. In den letzten 30 Jahren wäre eine variable Baufinanzierung statistisch betrachtet allerdings immer günstiger gewesen als eine Zinsfestschreibung für jeweils 5 oder 10 Jahre. Hier zeigt es sich wieder: Die Banken nutzen die Ängste der Kunden, um diese langfristig an sich zu binden.

Ist diese Finanzierung für mich geeignet? Grundsätzlich handelt es sich um einen sehr interessanten Finanzierungsbaustein, der beigemischt werden sollte, wenn Sie höhere Einnahmen erwarten (Bonuszahlungen, Erbschaften, Weihnachtsgeld, Schenkungen) oder auch individuell mehr tilgen möchten und sich Flexibilität wünschen. Auch wenn extreme Zinssteigerungen unwahrscheinlich sind: Ein gewisses Maß an Risikobereitschaft und finanzieller Sicherheit sollten Sie mitbringen. Die finanzielle Belastung sollte auch bei steigenden Zinsen für Sie tragbar sein.

3.2.5 – Das Cap-Darlehen – Variables Darlehen mit Risikobegrenzung

Wie funktioniert's? Das Cap-Darlehen ist eine spezielle Form des variablen Darlehens. Die Besonderheit besteht in der Zinssatzobergrenze (Cap). Auch wenn der Referenzzins stark ansteigt, kann der Zinssatz Ihres Darlehens diese maximale Höhe nicht überschreiten. Die Zinsdeckelung gibt es nicht umsonst: Der Darlehensnehmer/Kunde muss eine Cap-Prämie an die Bank zahlen, die auf den Zinssatz draufgeschlagen wird. Der Zinssatz ist dadurch etwas höher als beim variablen Darlehen. Von Zinssenkungen profitieren Sie ebenso wie beim variablen Darlehen.

Vorteile:	<ul><li>Sondertilgungen in unbegrenzter Höhe sind jederzeit möglich</li><li>Kurze Kündigungsfrist</li><li>Zinssenkungen werden direkt an den Kunden weitergegeben</li><li>Risiko steigender Zinssätze bleibt durch die Obergrenze überschaubar</li><li>Umwandlung in Festzinskredit jederzeit möglich</li></ul>

Nachteile:	• Durch Cap-Prämie höherer Zinssatz als beim variablen Darlehen

Gut zu wissen: Die Höhe der Zinsobergrenze und die damit einhergehende Höhe der Cap-Prämie, also des Zuschlags auf die Zinsen, richten sich vor allem nach der Laufzeit des Darlehens. Je länger die Laufzeit des Cap-Darlehens ist, desto höher wird die Zinsobergrenze gesetzt.

Ist diese Finanzierung für mich geeignet? Wenn Sie Wert auf Flexibilität und die Möglichkeit hoher Tilgungen legen, aber eher risikoscheu sind, ist diese Darlehensvariante sehr sinnvoll. Sie eignet sich auch als kurzfristige Zwischenfinanzierung bei akutem Finanzbedarf.

3.3 – Wissenswertes

In den folgenden Unterkapiteln möchte ich Ihnen Fragen beantworten, die mir im Laufe meiner langjährigen Erfahrung immer wieder gestellt wurden.

3.3.1 – Welche Finanzierungsmöglichkeiten gibt es sonst noch?

Wer eine Immobilie kaufen will, muss sich das benötigte Geld nicht unbedingt von einer Bank leihen. Oft bietet es sich an, Haus oder Wohnung zumindest teilweise aus anderen Quellen zu finanzieren.

Gibt es unter Ihren Angehörigen jemanden, der Ihnen ein Privatdarlehen gewähren würde? Ein **Familienkredit** bietet den Vorteil, dass er leicht zu handhaben ist und Verwandte in der Regel keine hohen Zinsen fordern. Aber auch hier sollten Sie sich von einem Notar beraten lassen, damit später keine Probleme mit der Erbschafts- oder Schenkungssteuer auftreten.

Manche **Kirchengemeinden** bieten den Mitgliedern Ihrer Gemeinde günstige Kredite an. Erkundigen Sie sich beim jeweiligen Pfarramt vor Ort.

Viele größere Unternehmen bieten Ihren Mitarbeitern sehr günstige **Arbeitgeberdarlehen** an. Informieren Sie sich im Vorfeld, wie die Abwicklung zwischen ihrer finanzierenden Bank und der Bank des Arbeitgebers erfolgt. Für die Bank, bei der Sie Ihr Hauptdarlehen aufnehmen, ist es vorteilhaft, wenn Sie sich einen Teil des benötigten Geldes durch Ihren Arbeitgeber beschaffen. Das Arbeitgeberdarlehen wird nämlich nachrangig im Grundbuch eingetragen und somit bei finanziellen Schwierigkeiten erst nach den Forderungen der Banken bedient. Dadurch bekommen Sie für den größeren Immobilienkredit, den Sie bei Ihrer Hauptbank aufnehmen, günstigere Zinskonditionen.

Sie können auch einen Kredit in Schweizer Franken oder in japanischen Yen aufnehmen. Man spricht dann von einem **Fremdwährungsdarlehen**. Die Zinssätze sind sehr günstig, weil das Darlehen zu den Konditionen des anderen Landes vergeben wird. Sie können also höhere Tilgungen zahlen und sind schneller schuldenfrei. Die Risiken durch Währungsschwankungen sind allerdings ziemlich hoch. Wer ein Fremdwährungsdarlehen aufnimmt, sollte sich auf dem Kapitalmarkt sehr gut auskennen und die Wechselkurse im Auge behalten.

Bei einem **Mietkaufvertrag** schließen Sie mit dem Besitzer der Immobilie einen Vertrag ab, der Ihnen die Option einräumt, die Immobilie später zu erwerben. Die bis zu diesem Zeitpunkt gezahlten Mieten werden dann auf den Kaufpreis angerechnet. Hier ist größte Vorsicht geboten – in meiner Praxis habe ich noch nie einen seriösen Mietkaufvertrag gesehen. Sie sollten diese Verträge daher immer durch einen Fachanwalt prüfen lassen.

3.3.2 – Kann ich auch ohne Eigenkapital ein Darlehen erhalten?

Wenn Sie eine Immobilie erwerben, setzt die Bank im Normalfall voraus, dass Sie einen gewissen Anteil der Kosten selbst aufbringen können. Früher war es allerdings durchaus üblich, dass mit einem Darlehen der komplette Kaufpreis der Immobilie ohne zusätzliches Eigenkapital finanziert wurde. Diese Kreditform nennt man **Vollfinanzierung**.

Dabei wurden oft Kredite für PKW und andere Kredite mit der Baufinanzierung der Immobilie zusammengelegt. Die monatliche Belastung der Kreditnehmer fiel dadurch niedriger aus, weil sie nicht mehrere Darlehen gleichzeitig abbezahlen mussten. Die Banken konnten diese Geschäfte damals nach ihren eigenen Vorstellungen abwickeln. Auch für die Bewertung der Immobilien existierten keine standardisierten Vorgaben. Deshalb wurden für Immobilien damals oft hohe Bewertungen angesetzt, die nicht den Tatsachen entsprachen. Das ist mittlerweile nicht mehr möglich. Die Banken werden intern und extern geprüft und müssen sich bei der Bewertung und der Vergabe von Immobilienkrediten an strenge gesetzliche Vorgaben halten. Aus diesem Grund ist es allerdings sehr schwierig geworden, ohne Eigenkapital einen günstigen Zinssatz zu erhalten. Grundsätzlich sollten Sie mindestens die Erwerbsnebenkosten, also Notar- und Grundbuchkosten, Grunderwerbssteuer und Maklercourtage, durch Eigenkapital bezahlen können.

Sehr bonitätsstarke Kunden erhalten in Ausnahmen auch ohne Eigenkapital ein Darlehen. Dafür kommen beispielsweise junge Menschen mit einem sehr gut bezahlten und sicheren Job infrage, die wegen ihres Alters noch keine Rücklagen angespart haben. Das Eigenkapital wird dann über ein Verbraucherdarlehen oder über eine Ersatzsicherheit beschafft.

3.3.3 – Finanzieren oder Internetanbieter?

Seit einigen Jahren schießen Baufinanzierungsinternetvertriebe wie Pilze aus dem Boden. Die Anbieter werben mit extrem niedrigen Zinssätzen. Deshalb wirken diese Finanzierungsmöglichkeiten auf den ersten Blick sehr vielversprechend, und viele Kunden lassen sich von diesen Lockangeboten blenden. Wenn die Unterlagen erst einmal eingereicht sind, stellt sich aber oft heraus, dass die niedrigen Zinsen in der Praxis nicht gehalten werden können. Den Kunden wird dann ein deutlich schlechteres Angebot gemacht.

Wer vorher keine weiteren Angebote eingeholt hat, hat meistens keine andere Möglichkeit mehr, als den Vertrag abzuschließen. Die Finanzierungszusage wird in der Regel kurzfristig gebraucht und die Bearbeitung bei einer anderen Bank würde zu viel Zeit in Anspruch nehmen.

Ich kenne viele Fälle, in denen Immobilienkäufer auf diese unseriösen Angebote hereingefallen sind und musste schon oft kurzfristige Zusagen von anderen Banken einholen, damit der Notartermin eingehalten werden konnte. Die oben beschriebenen Internetanbieter arbeiten ausschließlich nach dem Prinzip „Masse statt Klasse". Überlegen Sie sich also gut, wem Sie Ihre Daten offenlegen und bei welchen Banken und Beratern Sie eine Finanzierung anfragen. Das ist auch deshalb wichtig, weil zu viele Anfragen Ihren Schufa-Score reduzieren. Im schlimmsten Fall bieten andere Banken Ihnen dann schlechtere Konditionen an oder lehnen die Finanzierung sogar ganz ab.

> *Claus Clever erklärt: Was ist der Schufa-Score?*
>
> Die Schufa ist die größte deutsche Wirtschaftsauskunft. Sie trägt Informationen zur Kreditwürdigkeit von Verbrauchern und Unternehmen zusammen. Die Daten stammen von Unternehmen, die ihre Erfahrungen mit dem Zahlungsverhalten ihrer Kunden an die Schufa weitergeben. Anhand der gesammelten Informationen wird für jede registrierte Person der sogenannte **Schufa-Score** ermittelt, durch den die Bonität des Betroffenen in Zahlen von 1 bis 100 ausgedrückt wird. Je höher der Wert, desto geringer die Wahrscheinlichkeit eines Zahlungsausfalls. Die Unternehmen nutzen wiederum den Schufa-Score als Bewertungsgrundlage, wenn sie entscheiden, ob sie mit einer bestimmten Person ein geschäftliches Verhältnis eingehen wollen. Schufa-Daten werden bei der Vergabe von Krediten abgerufen, aber beispielsweise auch beim Abschluss eines Handyvertrags.

3.3.4– Wie geht es nach der Zinsbindung weiter?

Nach Ende der Zinsbindungsfrist werden die Konditionen für Ihr Darlehen neu verhandelt. Wie diese dann aussehen, hängt davon ab, wie sich die Zinsen innerhalb der Zinsbindungsfrist entwickelt haben. Es ist gesetzlich festgelegt, dass die Bank Ihnen drei Monate vor Ablauf der Zinsbindung ein Angebot für die **Anschlussfinanzierung** machen muss. Sie kann Ihnen aber auch mitteilen, dass die Finanzierung nicht fortgeführt wird. Umgekehrt können aber auch Sie das Darlehen ablösen und sich nach Angeboten von anderen Anbietern umsehen.

Seit einigen Jahren gibt es in Deutschland Banken, die schon bis zu fünf Jahre im Voraus Anschlussfinanzierungen anbieten. Das bedeutet: Der Zinssatz wird schon heute neu vereinbart, die Umfinanzierung wird aber erst fünf Jahre später durchgeführt. Man spricht hier von einem **Forwarddarlehen**. Die Banken berechnen dabei die neuen Konditionen wie folgt: Ihr aktueller Zinssatz wird um einen Risikoaufschlag erhöht. Je weiter das Ende der Zinsbindungsfrist entfernt ist, desto höher fällt dieser Aufschlag aus. Beim aktuell niedrigen Zinsniveau ist damit zu rechnen, dass die Zinsen in Zukunft wieder steigen werden. Deshalb sollten Kreditnehmer die Möglichkeit nutzen, sich durch ein Forwarddarlehen das jetzige Zinsniveau – mit einem gewissen Aufpreis – zu sichern.

3.3.5– Kann ich während der Zinsbindungsfrist umfinanzieren?

Ein außerordentliches Kündigungsrecht haben Sie nur, wenn Sie Ihre Immobilie verkaufen. Dann wird allerdings eine Gebühr fällig, die sogenannte Vorfälligkeitsentschädigung. Informieren Sie sich im Voraus über die Höhe der Entschädigung, wenn Sie Ihre Immobilie veräußern wollen. Eine Umfinanzierung während der bestehenden Zinsfestschreibung ist nicht möglich, auch nicht mit einer Vorfälligkeitsentschädigung. Die Banken verweisen dann auf den bestehenden Kreditvertrag, in dem die Konditionen festgehalten sind.

4 – Förderungen von Bund und Ländern

Wer eine Immobilie kaufen oder modernisieren möchte, kann auf Unterstützung von staatlicher Seite hoffen. Bund und Länder greifen angehenden Immobilienbesitzern mit verschiedenen Programmen unter die Arme. Doch welche Fördermöglichkeiten gibt es, und wer kann davon profitieren?

4.1 – KfW-Fördermittel

Die staatliche Kreditanstalt für Wiederaufbau (KfW-Bank) bietet für Immobilienkäufer und Modernisierer zinsgünstige Darlehen an. Außerdem beteiligt sich die KfW mit Zuschüssen direkt an den Kosten für bestimmte Sanierungsmaßnahmen. Die Förderung wird nicht direkt bei der KfW, sondern über eine normale Bank beantragt. Viele Kreditinstitute weigern sich aber, diese staatlichen Mittel anzubieten – sie wollen lieber ihre eigenen Finanzierungsangebote verkaufen. Informieren Sie sich deshalb im Vorfeld direkt bei der KfW oder einem unabhängigen Berater über Ihre Möglichkeiten.

Welche Angebote der KfW für Sie in Frage kommen, ist abhängig vom Objekt und der geplanten Maßnahme. Einige Programme lassen sich außerdem miteinander kombinieren. Als Vorteil der KfW-Kredite werden primär die niedrigen Zinssätze genannt. Hier sollte allerdings der Einzelfall betrachtet werden: Wer beispielsweise über viel Eigenkapital verfügt, kann bei einer klassischen Bank möglicherweise günstigere Konditionen aushandeln.

Mit den „tilgungsfreien Anlaufjahren" bietet die KfW Kreditnehmern die Möglichkeit, in den ersten Jahren nur die Zinsen des Darlehens zu bedienen. Die Rückzahlung der Schulden wird in die Zukunft verschoben. Das kann während der Bauphase, in der das Geld schon mal knapp werden kann, von Vorteil sein. Auf der anderen Seite sind Sondertilgungsoptionen bei einigen KfW-Programmen grundsätzlich ausgeschlossen. Wer darüber nachdenkt, für sein

Bauvorhaben die staatliche Förderung in Anspruch zu nehmen, sollte sich im Voraus hinsichtlich der Vor- und Nachteile beraten lassen.

Nachfolgend möchte ich Ihnen eine Übersicht über häufig genutzte Förderkredite der KfW geben:

KfW-Wohneigentumsprogramm Nr. 124:
Voraussetzungen: Sie möchten ein Objekt kaufen und es selbst nutzen – egal ob Neubau oder Altbau.
Maximale Darlehenssumme: 50.000 Euro

Altersgerecht Umbauen Nr. 159:
Voraussetzungen: Gefördert werden alle Baumaßnahmen, durch die Barrieren an der Immobilie reduziert werden und das Wohnen im Alter erleichtert wird. Auch der Kauf von Wohngebäuden, die kürzlich nach diesen Vorgaben umgebaut wurden, wird unterstützt.
Maximale Darlehenssumme: 50.000 Euro

Energieeffizient Bauen Nr. 153:
Voraussetzungen: Sie möchten ein energieeffizientes Wohngebäude bauen oder erwerben. Gefördert wird, wer den KfW-Effizienzhaus-Standards 70, 55 oder 40 genügt. Auch für vergleichbare Passivhäuser, also Gebäude mit besonders effizienter Dämmung und Wärmeaustausch, gibt es Geld.
Maximale Darlehenssumme: 100.000 Euro je Wohneinheit.
Zuschüsse: Bis zu 15.000 Euro – die Höhe der Summe ist abhängig von der Energieeinstufung des Gebäudes.

Energieeffizient Sanieren Nr. 151 / 430:
Voraussetzungen: Gefördert werden Modernisierungen an älteren Wohnhäusern, die die Energieeffizienz erhöhen. Der Bauantrag oder die Bauanzeige für das Gebäude muss vor dem 01.01.1995 gestellt worden sein.

> *Maximale Darlehenssumme*: 100.000 Euro.
> *Zuschüsse*: Bis zu 27.500 Euro – die Höhe der Summe ist abhängig von der Energieeinstufung des Gebäudes

Details und aktuelle Konditionen sowie Informationen zu weiteren Förderprogrammen erhalten Sie auf der Internetseite der KfW: www.kfw.de

4.2 – BAFA-Förderungen

Sie wollen einen Altbau energieeffizient sanieren? Dann haben Sie möglicherweise Anspruch auf die staatliche Förderung des Bundesamts für Wirtschaft und Ausfuhrkontrolle (BAFA). Das Bundesamt unterstützt viele Sanierungsmaßnahmen, beispielsweise den Einbau besonders umweltschonender Heizungssysteme. Ganz einfach bekommt man diese Fördermittel allerdings nicht: Die Auflagen sind zum Teil sehr hoch. Außerdem werden Ihre Daten vom Staat gespeichert. Es kann also gut sein, dass eine Behörde bei Ihnen anklopft, wenn sich in Zukunft Gesetze ändern und ihre Immobilie deshalb bestimmte Vorgaben nicht mehr erfüllt oder zusätzliche Steuern fällig werden.

Details und aktuelle Konditionen erhalten Sie auf der Internetseite: www.bafa.de

4.3 – Kreditmittel der Bundesländer für Neubau und Altbau

Auch die Bundesländer vergeben zinsgünstige Kreditmittel für Neu- und Altbauten. Viele Berater haben aber wenig Erfahrung auf diesem Gebiet und raten ihren Kunden pauschal davon ab. Das ist ärgerlich – Immobilienkäufer verschenken so leider oft viel Geld und die Möglichkeit, schneller schuldenfrei zu sein. Sie sollten grundsätzlich immer prüfen, ob Sie Anspruch auf Mittel der Länder haben. Das Thema ist allerdings tatsächlich ziemlich komplex – die Angebote sind von Land zu Land verschieden und verändern sich immer wieder. Ich werde deswegen hier nur kurz auf die wichtigsten Punkte eingehen. Für genauere Informationen sprechen Sie bitte persönlich bei der zuständigen Behörde an ihrem Wohnort vor.

Voraussetzungen: Wie bei Behörden nicht anders zu erwarten, halten sie sich auch bei der Kreditvergabe strikt an eine Reihe vorgegebener Kriterien. Je nach Bundesland und gewünschter Förderung gehören dazu in der Regel:

- Neubau oder Altbau
- Lage des Objektes
- Familienstand
- Kinder
- Pflegebedürftige Person in der Familie
- Bruttojahreseinkommen der letzten zwölf Monate
- Aktuelles Nettoeinkommen
- Anzahl der Personen im Haushalt
- Eigenleistung
- Eigenkapital

Vorteile: In den ersten Jahren können Sie sich über sehr niedrige Zinsen oder sogar ein zinsloses Darlehen freuen. Nach fünf, zehn, fünfzehn und zwanzig Jahren wird der Antrag neu geprüft und der Zinssatz gegebenenfalls angepasst. In den meisten Fällen können Sie die Kreditmittel ohne Vorfälligkeitsentschädigung jederzeit ablösen.

Nachteile: Wenn die Zinsen bei der Anpassung nach oben korrigiert werden, sollten Sie eine Umfinanzierung in Erwägung ziehen. Das Problem: Die Länderkredite werden im Grundbuch nachrangig, also hinter anderen Darlehen eingetragen. Wenn Sie in Zahlungsschwierigkeiten kommen, werden zuerst die Forderungen der Gläubiger auf den vorderen Plätzen erfüllt. Zusammen mit dem geringen Restbetrag ist das für andere Banken wenig attraktiv – sie werden

Ihnen kein gutes Umfinanzierungsangebot machen. In der Regel müssen Sie dann auf Ihre Hauptbank zurückgreifen. Deshalb ist es wichtig, von Anfang an eine gute und günstige Bank an Ihrer Seite zu haben.

Außerdem zu beachten: Erkundigen Sie sich beim zuständigen Sachbearbeiter der Behörde, wie groß das Kontingent an Fördermitteln und die Nachfrage danach ist. In manchen Städten sind die günstigen Darlehen bereits kurz nach Jahresbeginn komplett vergeben. Sie müssen also schnell sein – für die Arbeit der Behörden gilt das allerdings nicht. Ich kenne Fälle, in denen die Finanzierungszusage und die Verträge erst mehrere Wochen nach der Beantragung bei den Kunden eingegangen sind. Wenn Sie die Finanzierungszusage dringend benötigen, müssen Sie trotzdem nicht unbedingt auf die Kreditmittel der Länder verzichten. Oft kann gemeinsam mit dem Berater eine Lösung gefunden werden. Eine günstige Zwischenfinanzierung ist zum Beispiel eine gute Möglichkeit, um den kurzen Zeitraum zu überbrücken.

4.4 – Wohn-Riesterdarlehen und Riester-Bausparen

„Riestern" war ursprünglich als staatliche Unterstützung beim Ansparen einer zusätzlichen Rente gedacht. Mittlerweile gibt es aber auch Förderungen für Immobilienkäufer, da das Eigenheim schließlich auch eine Form der Altersvorsorge ist. Hier ist allerdings Vorsicht geboten – im Alter langt der Staat kräftig zu.

Voraussetzungen: Was gilt es zu beachten, um Anspruch auf eine Riesterförderung zu haben?

- Grundsätzlich gilt: Gefördert werden kann, wer in die gesetzliche Rentenkasse einzahlt. Es gibt aber einige Ausnahmen: Beamte dürfen beispielsweise ebenfalls riestern.
- Bei Ehepaaren muss nur ein Partner gesetzlich rentenversichert sein, damit beide riestern können.

- Die geförderte Immobilie muss von den Antragstellern selbst bewohnt werden.

So funktioniert's:
- Beim Wohn-Riesterdarlehen unterstützt der Staat Sie bei der Rückzahlung Ihrer Schulden. Sie erhalten jährliche Zulagen, die als Tilgung in Ihren Kredit fließen. Außerdem können Sie einen Teil der von Ihnen geleisteten Tilgung von der Steuer absetzen.
- Beim Riester-Bausparen profitieren Sie ebenfalls von jährlichen Zulagen und Steuervorteilen. Das gilt beim anfänglichen Ansparen von Bausparguthaben ebenso wie später, wenn Sie ein Bauspardarlehen in Anspruch nehmen.
- Die klassische Riester-Altersvorsorge funktioniert nach dem gleichen Prinzip. Sie können auch das Guthaben aus einem bestehenden Vertrag entnehmen, um eine Immobilie zu kaufen.
- Jede förderberechtigte Person erhält als Zulage 154 Euro pro Jahr. Für jedes Kind gibt es 300 Euro zusätzlich
- Sie können jährlich maximal 2.100 Euro ihrer geleisteten Zahlungen steuerlich geltend machen.

Die Vorteile hören sich erstmal sehr gut an. Leider werden die Nachteile des Riesterns von Beratern oft vergessen oder absichtlich nicht erwähnt. Daher hier die wichtigsten Vor- und Nachteile für Sie auf der nächsten Seite im Überblick:

Vorteile:	• Die Summe, die Sie aus eigener Tasche ein- bzw. zurückzahlen, ist geringer. ODER: Die Laufzeit des Darlehens wird verkürzt

Nachteile:	• Sie bekommen keine zusätzliche Förderung für ihre Altersrente – der ursprüngliche Zweck des Riesterns fällt weg. • Wenn Sie die Immobilie verkaufen oder wieder zur Miete wohnen wollen, müssen Sie den erhaltenen Betrag zurückzahlen. Wegen dieser Selbstnutzungspflicht sind Verkauf und Vermietung der Immobilie mit extrem großem bürokratischen Aufwand verbunden. • Bei einer Scheidung oder bestimmten beruflichen Veränderungen (z.B. Selbstständigkeit) entstehen erhebliche Probleme. Sie sind dann eventuell nicht mehr förderberechtigt. • Im Alter müssen Sie alle erhaltenen Förderungen nachträglich versteuern.

Den letzten Punkt möchte ich Ihnen näher erläutern. Die Bundesregierung hat sich mit dem Wohnriestern ein sehr cleveres Instrument ausgedacht, das dem Staat Steuereinnahmen in der Zukunft sichert. Das funktioniert folgendermaßen: Das Finanzamt speichert alle Zulagen und die Beträge, die Sie steuerlich geltend machen, auf Ihrem Wohnförderkonto. Das ist ein fiktives „Schattenkonto".

Es existiert nur zu Verrechnungszwecken. Wenn Sie für einen Immobilienkauf das angesparte Guthaben aus einem bestehenden Altersvorsorge- Riestervertrag entnehmen, wird das ebenfalls komplett auf dem Wohnförderkonto verbucht.

Jeweils am Jahresende werden für die Summe, die sich gerade auf dem Konto befindet, Zinsen in Höhe von 1,0% erhoben. Dieser Betrag wird dann zum Kontostand addiert. Und hier kommt nun der sogenannte Zinseszinseffekt ins Spiel: Am Ende des zweiten Jahres werden wieder Zinsen auf den aktuellen Betrag auf dem Konto erhoben – und somit auch auf die Zinsen des Vorjahres! Nach drei Jahren werden dann sogar schon Zinsen für die Zinsen der beiden vorherigen Jahre berechnet. Auf diese Weise wächst der Kontostand im Laufe der Zeit enorm.

Ein Beispiel: Claus macht 25 Jahre lang den maximal förderfähigen Betrag von 2.100 Euro steuerlich geltend. Das sind insgesamt 52.500 Euro. Auf dem Wohnförderkonto ergibt sich durch die Zinsen und Zinseszinsen aber ein Betrag von circa 60.000 Euro! Spätestens mit dem Erreichen des 68. Lebensjahres wird das Wohnförderkonto aufgelöst. Und jetzt wird es teuer für Claus: Der Endbetrag, der sich bis zu diesem Zeitpunkt auf seinem Konto angesammelt hat, muss versteuert werden. Dabei kann er zwischen zwei Varianten wählen:

Variante 1: Das Gesamtkapital wird einmalig besteuert

Die Steuerpflicht wird sofort auf einen Schlag erfüllt. Dafür gewährt das Finanzamt einen Rabatt von 30%. Es müssen also nur 70% der Summe auf dem Wohnförderkonto versteuert werden.

Beispiel: Nehmen wir an, dass Claus als Rentner ein jährliches steuerpflichtiges Einkommen von 12.000 Euro hat. Auf dem Wohnförderkonto hat sich ein Betrag von 60.000 Euro angesammelt. Durch den Rabatt muss er davon nur 42.000 Euro versteuern. Dieser Betrag wird im Jahr der Kontoauflösung auf sein steuerpflichtiges Einkommen aufgeschlagen. Claus muss also satte 54.000 Euro auf einmal versteuern. Das ist mehr als das Vierfache des Betrages, für den er sonst Steuern zahlt. Und wer weiß schon, wie hoch in der Zukunft die Steuersätze sind!

Variante 2: Die Steuerschuld wird auf mehrere Jahre verteilt

Die fälligen Steuern werden über maximal 17 Jahre verteilt, also höchstens bis zum 85. Lebensjahr, abbezahlt. Der Betrag auf dem Wohnförderkonto wird durch die Anzahl der Jahre geteilt. Dadurch erhält man den jährlich zu versteuernden Betrag. Einen Rabatt bekommt man in diesem Fall nicht.

Beispiel: Gleiche Voraussetzungen wie im vorherigen Beispiel: Im Rentenalter beträgt Claus' steuerpflichtiges Einkommen 12.000 Euro pro Jahr. Wenn auf seinem Wohngeldkonto 60.000 Euro vermerkt sind, wird dieser Betrag durch 17 geteilt. Dadurch ergeben sich jährlich knapp 3.530 Euro zusätzlich, die er versteuern muss. Claus' jährliches steuerpflichtiges Einkommen erhöht sich also auf jeweils 15.530 Euro pro Jahr.

Und welche Variante ist nun besser?

- Wer in der Rentenphase aufgrund der Höhe seines Einkommens ohnehin schon einen hohen Steuersatz hat, kann von dem Rabatt profitieren.
- Bei einem geringen Einkommen mit niedrigem Steuersatz können Sie zwar ebenfalls den Rabatt in Anspruch nehmen, wenn Sie die erste Variante wählen. Aber: Der Gesamtbetrag, den Sie in diesem Jahr versteuern müssen, ist dann möglicherweise um ein Vielfaches höher als Ihr normales Einkommen. Dadurch müssen Sie einmalig einen deutlich höheren Steuersatz in Kauf nehmen.
- Wenn Sie sich für die Verteilung auf 17 Jahre entscheiden, wird das Wohnförderkonto nicht mehr weiter verzinst. Es fallen also keine zusätzlichen Kosten mehr an.
- Wenn Sie die Steuerpflicht schrittweise erfüllen, können Sie einen Teil des Geldes, das Sie bereits für die Rückzahlung gespart haben, am Kapitalmarkt anlegen und sich so Zinseinnahmen sichern.

Welche Variante sich für Sie lohnt, kann ein Steuerberater zu gegebener Zeit ausrechnen. Da es hier vor allem auf Ihre Einkünfte im Alter und den dann geltenden Steuertarif ankommt, ist eine pauschale Aussage nicht möglich. Schließlich kann niemand mit Sicherheit sagen, wie Ihre persönliche und die gesetzliche Situation in 20 oder 30 Jahren aussieht.

Mein Fazit: Über die Besteuerung finanzierte Darlehen haben sich in der Vergangenheit oft nicht gerechnet. Der Staat ist der bessere Kaufmann – er hält stets die Karten in der Hand und bestimmt die Spielregeln. Beim Wohnriester-Darlehen besteht ein hohes Risiko, dass Sie am Ende als Verlierer dastehen. Riester-Bausparverträge haben die gleichen Nachteile. Zusätzlich müssen Sie hier noch eine Abschlussgebühr bezahlen. Fast immer profitieren also nur die Bausparkasse und der Berater. Seien Sie kritisch und hinterfragen Sie die jeweiligen Finanzierungsangebote – auch wenn diese sich im ersten Augenblick unschlagbar anhören.

5 – Die größten Fehler der Immobilienfinanzierung

Einige Dinge werden bei der Finanzierung immer wieder falsch gemacht oder vergessen. Dieses Kapitel soll Ihnen dabei helfen, diese Fehler zu vermeiden – damit Sie Geld sparen und schneller wieder schuldenfrei sind.

Zu geringe Tilgung: Viele Immobilienkäufer wollen bei der Festlegung der Tilgungshöhe vor allem die monatliche Belastung geringhalten und vergessen den Zusammenhang zwischen Zins und Tilgung. Wie wir gesehen haben, erhöht sich bei einem Annuitätendarlehen der Tilgungsanteil bereits nach der ersten Rate.

Je höher die gewählte Tilgung ist, desto schneller sinkt die Restschuld. Und auf die kommt es schließlich an, wenn die Summe berechnet wird, die Sie als Zinsen an die Bank überweisen müssen. Aber welche anfängliche Tilgung sollten Sie mit der Bank vereinbaren? Das können Sie ausrechnen, wenn Sie das aktuelle Zinsniveau kennen und wissen, welche monatliche Belastung Sie sich leisten können.

Beispiel: Claus und Annica nehmen ein Darlehen in Höhe von 100.000 Euro auf. Die Zinsen liegen aktuell bei 2,0%. Damit wissen die beiden: Für das erste Jahr müssen sie 2.000 Euro als Zinsen bezahlen. Nach Gegenüberstellung ihrer monatlichen Einnahmen und Ausgaben kommen sie zu dem Schluss, dass sie pro Monat 500 Euro für die Darlehensraten übrighaben.

In einem Jahr kommen somit 6.000 Euro zusammen. Davon müssen Claus und Annica Zins und Tilgung bezahlen. Sie ziehen von den 6.000 Euro also die 2.000 Euro Zinsen ab. Es bleibt ein Betrag von 4.000 Euro. Das ist die maximale Höhe ihrer anfänglichen Tilgung. Die Bank drückt diesen Betrag immer als Prozentsatz der Darlehenssumme aus, sodass Claus und Annica eine anfängliche Tilgung von 4,0% wählen sollten.

Was vielen Darlehensnehmern ebenfalls unklar ist: Hohe Zinsen haben bei gleicher anfänglicher Tilgung zumindest den Vorteil, dass Sie schneller schuldenfrei sind. Das liegt daran, dass durch die Zinsen dann auch Ihre Gesamtrate höher ausfällt. Der Anteil der Tilgung an dieser Rate wächst bei höheren Zinsen schneller. Aus der nachfolgenden Tabelle geht hervor, wie sich das auswirkt:

Darlehens-summe	Anfängliche Tilgung	Zinssatz	Schuldenfrei
100.000 Euro	1,00%	3,00%	46 Jahre, 6 Monate
100.000 Euro	1,00%	4,00%	40 Jahre, 4 Monate
100.000 Euro	1,00%	5,00%	35 Jahre, 11 Monate
100.000 Euro	1,00%	6,00%	32 Jahre, 7 Monate
100.000 Euro	1,00%	7,00%	29 Jahre, 7 Monate

Man sieht: Bei gleicher Tilgung sind Sie schneller schuldenfrei, wenn die Zinsen hoch sind. Wenn die Zinsen niedrig sind, sollten Sie eine Tilgung im Bereich von mindestens 2,0% bis 3,0% wählen, damit die Zeit bis zur Schuldenfreiheit sich nicht unendlich ausdehnt. Auch eine hohe Sondertilgung innerhalb der ersten Jahre verkürzt die Gesamtlaufzeit enorm.

Selbst vielen Bankberatern ist nicht klar, was die Folgen einer zu niedrig gewählten Tilgungshöhe sind. Sie konzentrieren sich meistens ausschließlich auf den günstigen Zinssatz. Entscheidend sind aber die Gesamtlaufzeit und Gesamtkosten und nicht der Darlehenszins. Bauen Sie deshalb Änderungsoptionen in Ihr Darlehen ein, damit Sie die Tilgung erhöhen können, wenn der Betrag, den sie monatlich zur Verfügung haben, steigt. Alternativ können Sie auch ein jährliches Sondertilgungsrecht von fünf oder zehn Prozent vereinbaren.

Falsche Zinsbindung: Durch die Zinsbindung, auch als Sollzinsbindung bezeichnet, wird festgelegt, wie lange die Darlehenskonditionen gelten, die Sie mit der Bank vereinbart haben. Je länger die Zinsbindung festgelegt wird, desto höher ist der Zinssatz, den die Bank Ihnen anbietet. Dementsprechend fällt bei längerer Zinsbindung auch der Tilgungsanteil innerhalb der Rate geringer aus. Die meisten Banken bieten Zinsfestschreibungen zwischen einem und dreißig Jahren an. Wie im Kapitel 3.2 *Finanzierungsarten einfach erklärt* beschrieben, können Sie auch ein variables Darlehen oder ein Cap-Darlehen wählen. Dann werden die Zinsen im Abstand von wenigen Monaten angepasst.

Aber welche Zinsbindung ist jetzt am sinnvollsten? Das hängt sowohl von Ihrer persönlichen als auch von der finanziellen Situation ab und sollte daher immer individuell betrachtet werden. Klären Sie für sich folgende Fragen:

- Die *Höhe ihres Einkommens* zum jetzigen Zeitpunkt und in der Zukunft – Können Sie die höhere Belastung schultern, wenn die Zinsen steigen?
- *Familienplanung* – Wollen Sie in nächster Zeit Kinder bekommen und legen deshalb Wert auf Planungssicherheit?
- *Sicherheitsbedürfnis* – Ist es Ihnen grundsätzlich wichtig, dass Sie schon jetzt genau wissen, wie viel Sie in Zukunft zahlen müssen?

- *Risikobereitschaft* – Wollen Sie für die Chance auf niedrigere Zahlungen das Risiko höherer Belastungen in Kauf nehmen?
- *Zusatzeinnahmen* – Erwarten Sie eine Erbschaft oder werden Versicherungs- oder Sparverträge fällig, mit denen Sie die Restschuld auf einen Schlag deutlich reduzieren können?
- *Familiendarlehen* – Können Sie ihr Darlehen später durch einen günstigen Kredit bei Ihren Angehörigen ablösen?
- Erwartung an *Wirtschafts- und Zinsentwicklung* – Rechnen Sie damit, dass die Zinsen zukünftig steigen?
- *Schuldenfreiheit* – Wann wollen Sie das Darlehen abbezahlt haben?

Viele meiner Kunden wählen in der aktuellen Niedrigzinsphase eine lange Zinsbindung. In der letzten Hochzinsphase war die Nachfrage nach kürzeren Zinsfestschreibungen größer. Auch eine Aufteilung der Finanzierung auf drei Kredite mit unterschiedlichen Zinsfestschreibungen und Tilgungshöhen kann sinnvoll sein. Grundsätzlich gilt aber: Nach zehn Jahren haben Sie ein gesetzliches Kündigungsrecht und können ohne Vorfälligkeitsentschädigung das Darlehen kündigen. Einer Umschuldung mit der gleichen Bank oder einer anderen steht dann nichts im Wege.

Blindes Vertrauen in eine Bank: Eine gute Finanzierung beinhaltet einen geringen Zinssatz und eine hohe, direkte Tilgung. Leider nutzen die Banken das Vertrauen Ihrer Kunden bei Anschlussfinanzierungen oft aus und versenden Verlängerungsangebote ohne individuelle Kalkulation.

Das kann teuer werden, da schon kleine Veränderungen des Zinssatzes große Auswirkungen haben: Ein Darlehen über 150.000 Euro mit einer Zinsfestschreibung von 10 Jahren kostet Sie bei einem Zinssatz von 4,7% beispielsweise satte 8.400 Euro mehr als bei einem Zinssatz von 4,2%. Und dabei liegt der Unterschied zwischen den beiden Werten hier lediglich bei 0,5 %. Die Banken erhöhen Ihre Konditionen nach der Zinsbindungsfrist oft sogar um bis zu 1,0 %.

Nur ca. 20 % aller Immobiliendarlehensnehmer nutzen bei der Anschlussfinanzierung die Möglichkeit, verschiedene Angebote zu vergleichen. Damit vergeben Sie die Chance, viel Geld zu sparen und die Laufzeit und Kosten Ihres Darlehens selbst zu steuern. Ein unabhängiger Finanzierungsberater kann Sie dabei unterstützen, die für Sie passende Anschlussfinanzierung zu den besten Konditionen zu finden.

Zu knappe Kalkulation: Laut einer Umfrage ist eine eigene Immobilie der größte Wunsch der Mehrheit aller Bundesbürger. Wenn man diesen Traum unbedingt verwirklichen will, fällt es manchmal schwer, die eigene finanzielle Situation so zu sehen wie sie wirklich ist. Dann werden Haushalts- und Bewirtschaftungskosten einer Immobilie nicht realistisch kalkuliert.

Es kommt sogar vor, dass mit Geld geplant wird, dessen Eingang äußerst fraglich ist. Wenn schlecht geplant wird und keine Rücklagen für unvorhersehbare Kosten vorhanden sind, wird der Traum vom Eigenheim dann schnell zum Albtraum. Das geht so weit, dass ganze Existenzen bedroht sind.

Eine realistische Kalkulation ihrer finanziellen Möglichkeiten ist deshalb extrem wichtig. Stellen Sie Ihre Einnahmen und Ausgaben gegenüber und berechnen Sie, wie viel Geld jeden Monat für Darlehensraten übrigbleibt. Planen Sie unbedingt ein ausreichendes Polster ein, damit Sie nicht in Zahlungsrückstand geraten, wenn Ihre Ausgaben einmal etwas höher ausfallen.

Ein unabhängiger Berater entdeckt bei der Einschätzung Ihrer Finanzkraft möglicherweise potentielle Risikofaktoren, für die Sie selbst betriebsblind sind. Der Fachmann analysiert Ihre finanzielle Situation sowohl aus Ihrer Perspektive als auch aus der Sicht eines Kreditinstitutes. Die Banken rechnen mit pauschalen Kosten für die Lebenshaltung und die Bewirtschaftung einer Immobilie. Die Realität sieht aber unter Umständen ganz anders aus. Dann kann es sein, dass die Bank eine Finanzierung bewilligt, die der Kunde eigentlich gar nicht stemmen kann.

Stellen Sie also sicher, dass die Berechnungen des Kreditinstitutes mit Ihren eigenen übereinstimmen. Für angehende Vermieter ebenfalls wichtig: Wenn die Bank den möglichen Kreditrahmen absteckt, bezieht sie auch zukünftige Mieteinnahmen in die Kalkulation ein. Sie werden mit bis zu 75% der Kaltmiete angerechnet.

Um Geld zu sparen und bessere Darlehenskonditionen auszuhandeln, planen viele Hausbauer Eigenleistungen beim Bau ein. Der zeitliche Aufwand und die eigenen Fähigkeiten werden aber oft falsch eingeschätzt. Die „Muskelhypothek" sollte daher 10% bis 15% der Kreditsumme nicht übersteigen (siehe auch Kapitel 2.3 *So ermitteln Sie die Gesamtkosten der Immobilie*).

Ungenutzte Förder- oder Kreditmöglichkeiten: Beschränken Sie sich bei der Suche nach einer geeigneten Förderung nicht auf die klassischen Angebote der Banken. Wer seine Möglichkeiten kennt, kann oft bares Geld sparen. Prüfen Sie, ob Sie Anspruch auf Fördermittel von Bund und Ländern haben (siehe Kapitel 4 *Förderungen von Bund und Ländern*) und informieren Sie sich, ob Ihr Arbeitgeber oder Ihre Kirchengemeinde Kredite vergeben.

Oft vergessen wird auch die Möglichkeit, einen Teil der benötigten Summe über ein Familiendarlehen zu finanzieren. Angehörige verlangen in der Regel keine hohen Zinsen und zeigen sich meistens verständnisvoll, wenn es bei der Rückzahlung mal Verzögerungen gibt – vorausgesetzt, dass Sie die Geduld Ihrer Verwandten nicht überstrapazieren.

Darf die Bank meinen Kredit verkaufen? Seit einigen Jahren geistert der Begriff „Kreditverkauf" durch die Medien. Die Boulevardpresse berichtet immer wieder, dass Banken die Darlehenskredite ihrer Kunden verkaufen und von jetzt auf gleich die Rückzahlung der kompletten Darlehenssumme fordern. In manchen Artikeln war sogar zu lesen, dass ohne Gründe Zwangsversteigerungen von kreditfinanzierten Immobilien angeordnet wurden. Viele bestehende und angehende Immobilienfinanzierer hat diese Berichterstattung stark verunsichert. Deshalb möchte ich dieses komplizierte Thema hier in einfachen Worten erklären.

In der Praxis bestehen sehr hohe Auflagen für eine außerordentliche Kündigung eines Darlehens seitens der Bank. Nur wenn der Schuldner mit mindestens 2,5% der Darlehenssumme in Verzug ist, kann die Bank diese Vorgehensweise in Erwägung ziehen. Das ist im „Risikobegrenzungsgesetz" geregelt, das im Jahr 2008 von der Bundesregierung erlassen wurde, um die Kunden zu schützen. Die Banken können zwar weiterhin Darlehen verkaufen – allerdings nur unter klar reglementierten Bedingungen:

- Die Bank muss den Kunden schon vor Abschluss des Kreditvertrags darüber aufklären, dass das Darlehen ohne seine Zustimmung verkauft werden kann. Wenn dieser Hinweis nicht erfolgt, darf die Bank das Darlehen auch nicht weiterreichen – es sei denn, der Kunde erklärt sich damit einverstanden.
- Wenn es tatsächlich zum Kreditverkauf kommt, muss die Bank den Kunden umgehend darüber informieren.
- Spätestens drei Monate vor Ablauf der Zinsbindung muss die Bank dem Kunden eine Anschlussfinanzierung anbieten oder ihm mitteilen, dass das Darlehen nicht verlängert wird
- Wenn der Kreditverkäufer unberechtigterweise eine Zwangsvollstreckung durchführt, kann der Kunde Schadenersatz fordern.

Mein Tipp: Wenn Sie auf der ganz sicheren Seite sein möchten, vereinbaren Sie mit Ihrer Bank ein „Abtretungsverbot" im Kreditvertrag. In der Regel berechnen die Banken dafür einen Zinsaufschlag von ca. 0,05% bis 0,10%.

6 – Immobilienfinanzierung in der Praxis

Sie wissen nun, welche Möglichkeiten es gibt, um Ihre Wunschimmobilie zu finanzieren. Um wirklich gut vorbereitet zu sein, sollten Sie außerdem wissen, mit welchen Kniffen im Beratungsgespräch gearbeitet wird und wie eine Finanzierung üblicherweise abläuft.

6.1 – Die Tricks der Berater!

Wissen Sie, wie hoch die Zinsen für Ihr Darlehen nach Ablauf der Zinsfestschreibung sein werden? Ganz gleich, ob Sie sich mit Immobilienfinanzierung bereits auskennen oder nicht – die Antwort lautet in jedem Fall „Nein". Und das weiß auch der Bankberater, der Ihnen diese rhetorische Frage im Finanzierungsgespräch stellt.

Sein Ziel: Er will in Ihnen Angst vor steigenden Zinsen hervorrufen. Dann kann er Ihnen leicht die Vorteile eines Bausparvertrags mit dauerhaft festen Zinsen schmackhaft machen. Diese Finanzierungsvariante ist allerdings für die wenigsten Immobilienkäufer sinnvoll. In erster Linie profitieren davon der Berater und die Bank, für die er arbeitet.

Dieses Beispiel ist typisch für das Vorgehen vieler Bank- und Versicherungsberater: Um ihre Verkaufsziele zu erreichen, versuchen sie, ihren Kunden Angst zu machen. Als Ergebnis werden viele unnötige Versicherungen und Bausparverträge abgeschlossen. Manchmal fallen in Beratungsgesprächen auch Sätze wie: „Ich vergebe diesen Kredit zu meinen Konditionen und hoffe, dass Sie mir dieses Geld auch wieder zurückzahlen." Diese Berater demonstrieren hier ihre Überlegenheit und vergessen dabei, dass das verliehene Geld nicht ihnen, sondern anderen Kunden des Unternehmens gehört.

Eine weitere gängige Methode der Bank- und Versicherungsfachmänner ist es, einfache Themen recht kompliziert zu erklären. Das tun sie, damit bei den Kunden der Eindruck entsteht, sie seien vom Fachwissen des Beraters abhängig. Teilweise werden den Kunden in stundenlangen Gesprächen unterschiedlichste Finanzierungsmöglichkeiten präsentiert. Irgendwann ist die Aufnahmefähigkeit der meisten Kunden erschöpft. Sie schließen dann einfach die Variante ab, die am besten verkauft wurde. In der Regel handelt es sich dabei um das Angebot, das für die Bank – und nicht für den Kunden – besonders vorteilhaft ist.

Dabei sind eine Baufinanzierung bzw. ein Darlehen für eine Immobilie im Prinzip nichts Anderes als ein Kredit für ein Auto. Es geht hier lediglich um eine höhere Summe und einige Rahmenbedingungen sind anders. Einen guten Berater zeichnet aus, dass das Gespräch einfach und unkompliziert abläuft und er Ihnen Finanzierungsvarianten vorstellt, die Sie schnell verstehen. Dann macht es Ihnen im Idealfall sogar Spaß, sich mit dem Thema selbst auseinanderzusetzen und Sie können eine fundierte Entscheidung treffen, hinter der Sie voll und ganz stehen.

6.2 – Die Interessen von Staat, Banken und Versicherungen

Warum werden Sie eigentlich vom Staat unterstützt? Und was haben die Berater davon, wenn Sie eine Baufinanzierung abschließen?

Der Staat: Dem Staat ist sehr daran gelegen, dass Sie eine Immobilie erwerben und finanzieren, weil er dadurch Einnahmen und Kontrollmöglichkeiten hat:

- Grunderwerbsteuer – einmalig 3,5 % - 6,5 % vom Kaufpreis
- Grundsteuer – jährliche Zahlung der Grundstückseigentümer
- Wohnriester – Sicherung von Steuereinnahmen in der Zukunft

- Zinseinnahmen – aus KfW-Krediten und öffentlichen Krediten der Länder
- Steuerung anderer Branchen – unter anderem werden Handwerker durch Förderprogramme begünstigt oder benachteiligt. Beispiel Solarbranche: Sie wurde zunächst durch Förderungen gepusht – der Absturz folgte, als diese wieder gestrichen wurden.
- Weitere Einnahmen durch neue Steuern – denkbar ist beispielsweise eine zukünftige Vermögenssteuer. Der Staat kann leicht feststellen, welche Steuern er auf Ihr Objekt erheben kann, da alle Immobilieneigentümer und die Details zu deren jeweiligen Objekten in einer zentralen Datenbank erfasst sind.

Bank-, Versicherungs- und Bausparkassenberater: Bei einer Immobilienfinanzierung bieten sich für die Finanzbranche sehr viele Möglichkeiten, um lukrative Zusatzgeschäfte abzuschließen, wenn der Kunde einmal Vertrauen gefasst hat. Die Berater haben oft weniger die Interessen ihrer Kunden als ihre eigenen Vorteile im Auge:

- Zinseinnahmen durch Zinsfestschreibungen von bis zu 30 Jahren – davon profitieren vor allem Banken und Versicherungen sowie deren Manager
- Überproportional hohe Zinseinnahmen durch Bausparverträge, Lebens- und Rentenversicherungen oder Investmentfonds (siehe Kapitel 3.2 *Finanzierungsarten einfach erklärt*)
- Provisionen für Berater – die Zahlungen bei Abschluss von Bausparverträgen, Lebens- und Rentenversicherungen, Investmentfonds und sonstigen Versicherungen fallen oft sehr üppig aus
- Zusätzliche Einnahmen durch Gebühren für die Bonitätsbewertung und Kontoführungsgebühren – die Kosten werden auf die zu zahlenden Zinsen, also den effektiven

Jahreszins, aufgeschlagen. Laut Urteil des Bundesgerichtshofs ist dieses Vorgehen seit kurzem auch rückwirkend verboten.
- Bonus bei Erfüllung der Zielvorgaben – Berater erhalten Geldzahlungen und Reisen. Das soll die Motivation erhöhen, in den Folgejahren noch höhere Umsätze zu erzielen.

Mein Tipp: Behalten Sie im Hinterkopf, dass der Staat sowie Banken und Versicherer Ihnen nicht aus purer Selbstlosigkeit bei der Finanzierung Ihrer Immobilie helfen.

6.3 – Schritt für Schritt zur Traumimmobilie

Vom Erstgespräch bis zur eigenen Immobilie – Wie läuft die Immobilienfinanzierung in der Praxis eigentlich ab?

1. Finanzcheck

Im ersten Beratungsgespräch wird eine Übersicht Ihrer Finanzen erstellt. Es wird überprüft, wie hoch Ihr Haushaltseinkommen ist und ob eine positive Vermögensbilanz vorliegt. Dazu benötigt Ihr Berater folgende Informationen:

- Persönliche Angaben
- Einnahmen und Ausgaben
- Vermögenswerte (Sparguthaben, Aktien, Versicherungen etc.)
- Vorhandene Schulden

Auf dieser Grundlage kann das mögliche Finanzierungsvolumen berechnet werden. Das ist die Summe, die Sie als Darlehen von der Bank bekommen können. Außerdem wird anhand Ihrer Angaben die maximale monatliche Belastung berechnet, also der Betrag, den Sie pro Monat aufbringen können, um Ihr Darlehen abzubezahlen.

Wichtig: Stellen Sie auch selbst eine Haushaltsrechnung auf! Die Kalkulationen der Banken weichen zum Teil deutlich von den eigenen Berechnungen ab - in einigen Fällen nach oben, in anderen nach unten (siehe Kapitel 5 *Die größten Fehler bei der Immobilienfinanzierung*).

2. **Finanzierungsmöglichkeiten vergleichen und Fördermöglichkeiten prüfen**

Ihr Berater wird Ihnen nun die möglichen Finanzierungsarten vorstellen. In diesem Gespräch sollte er Sie außerdem über eventuelle Fördermöglichkeiten aufklären. Nähere Informationen zu diesen Themen finden Sie in den Kapiteln 3.2 *Finanzierungsarten einfach erklärt* und Kapitel 4 *Förderungen von Bund und Ländern*.

3. **Unterlagen zusammenstellen und Finanzierungsantrag stellen**

Wenn die Eckdaten der Finanzierung festgelegt wurden, werden weitere Unterlagen benötigt. Die **Bonitätsunterlagen** enthalten detaillierte Angaben zu Ihrer persönlichen und finanziellen Situation. Dazu gehören:

- Gehaltsabrechnungen der letzten drei Monate
- Einkommensteuerbescheide
- Eigenkapitalnachweise
- Scheidungsurteile
- Unterhaltsnachweise
- Kopien bestehender Kreditverträge
- Kopien der Personalausweise

Außerdem benötigen Sie die jeweiligen **Objektunterlagen**. Diese geben Auskunft über die Immobilie, die Sie erwerben möchten. Dazu gehören:

- Entwurf des notariellen Kaufvertrags
- Wohnflächenberechnung
- Berechnung umbauter Raum

- Aktueller Grundbuchauszug
- Flurkarte oder Lageplan
- gegebenenfalls: Bauzeichnungen
- Teilungserklärung (bei Eigentumswohnungen)

Die Anforderungen können variieren und werden Ihnen vom jeweiligen Kreditinstitut mitgeteilt. Die Unterlagen werden dann zusammen mit dem Finanzierungsantrag bei der Bank eingereicht. Achten Sie darauf, dass Ihre Papiere vollständig sind – wenn Sie Angaben nachreichen müssen, verzögert sich die Zusage.

4. Finanzierungszusage abwarten und Darlehensvertrag unterzeichnen

Abhängig vom Kreditinstitut erhalten Sie nach 1-14 Tagen die Finanzierungszusage, in der die Bank schriftlich versichert, dass Sie bereit ist, die Finanzierung mit Ihnen durchzuführen. Die Finanzierungsunterlagen werden durch den Darlehensvertrag und das Grundschuldbestellungsformular vervollständigt. Den Darlehensvertrag senden Sie unterschrieben zurück an die Bank.

Die Finanzierungszusage ist eine Absicherung für den Verkäufer: Wenn klar ist, dass Sie den Kaufpreis aufbringen können, wird er in der Regel nicht an eine andere Person verkaufen. Wenn mehrere Interessenten die Immobilie kaufen wollen, muss es aber oft sehr schnell gehen. Der Berater sollte deshalb innerhalb von 1-2 Tagen eine Antwort der Bank in Form einer Vorabfinanzierungszusage erhalten oder Ihnen eine positive Bonitätsbescheinigung ausstellen können.

5. Notartermin vorbereiten

Um den Immobilienkauf unter Dach und Fach zu bringen, müssen Sie den unterzeichneten Kaufvertrag von einem Notar beglaubigen lassen. Erst dadurch wird der Vertrag rechtlich bindend. Bevor dieser Termin ansteht, sollten aber einige Punkte unbedingt geklärt sein:

- *Reichen Sie die Unterlagen für die Bestellung der Grundschuld beim Notar ein.* Meistens übernimmt das die Bank für Sie. Ansonsten liegen die Papiere Ihrem Kreditvertrag bei. Die Grundschuld kann dann gleichzeitig mit dem Kaufvertrag beurkundet werden und Sie sparen sich einen zusätzlichen Termin.
- *Gehen Sie den Entwurf des notariellen Kaufvertrags gründlich durch.* Haken Sie beim Notar nach, wenn Sie etwas nicht verstehen! Kleine Änderungen können manchmal auch noch bei der Vertragsunterzeichnung vorgenommen werden, aber alle wichtigen Punkte sollten im Vorfeld feststehen.
- *Sichten Sie alle Objektunterlagen und lassen Sie sich grünes Licht von einem Gebäudesachverständigen geben.* Anhand der Angaben in den Objektunterlagen können Sie mögliche Mängel an der Immobilie erkennen. Der Gebäudesachverständige überprüft die Immobilie außerdem vor Ort. Nach Vertragsabschluss eine angemessene Entschädigung für vorhandene Schäden zu erhalten, ist oft sehr schwierig und ist mit viel Mühe und Kosten verbunden (siehe Kapitel 2.2 *Altbau oder Neubau?*).

Zu viel Zeit sollten Sie sich mit der Erfüllung der oben genannten Punkten nicht lassen, da der Notartermin innerhalb der Widerrufsfrist des Kreditvertrages stattfinden sollte. Diese beträgt in der Regel 14 Tage. Wenn die Frist bereits abgelaufen ist und der Kaufvertrag für die Immobilie dann aber doch nicht abgeschlossen wird, ist die Rückabwicklung des Darlehens meist mit hohen Kosten verbunden.

6. Kaufvertrag unterzeichnen und notariell beglaubigen lassen

Bei dem Notartermin verliest der Notar den Kaufvertrag und erläutert gegebenenfalls die Punkte, über deren Bedeutung Unklarheit herrscht. Wenn alle Fragen geklärt sind, wird der Vertrag von Käufer und Verkäufer unterzeichnet und vom Notar beglaubigt. Außerdem beurkundet der Notar die Grundschuld.

Die Grundschuldbestellungsurkunde leitet er dann ans Grundbuchamt weiter, damit die Grundschuld eingetragen werden kann. Außerdem veranlasst er die sogenannte Auflassungsvormerkung, durch die Sie im Grundbuch als zukünftiger Eigentümer aufgeführt werden.

7. Erwerbsnebenkosten bezahlen

Kurz nach Unterzeichnung des beglaubigten Kaufvertrages flattern auch schon die ersten Rechnungen ins Haus. Die Zahlungsaufforderungen von Ihrem Immobilienmakler und dem Notar erhalten Sie meist schon nach wenigen Tagen. Die Rechnung für die Änderungen im Grundbuch schickt Ihnen das Amtsgericht ein bis zwei Wochen später zu. Nach circa drei Wochen wird die Grunderwerbssteuer fällig, die Sie auch möglichst zügig überweisen sollten.

In den meisten Fällen verlangen die Banken, dass Sie zunächst das vorhandene Eigenkapital, das Sie für die Finanzierung eingeplant haben, komplett aufbrauchen. Erst danach dürfen Sie auf das geliehene Geld zugreifen.

8. Auszahlung des Darlehens und Zahlung des Kaufpreises

Die Bank wird das Darlehen erst auszahlen, wenn Sie als Eigentümer im Grundbuch vorgemerkt sind und die Grundschuld eingetragen ist. Der Notar schickt Ihnen dann eine Fälligkeitsmitteilung zu, die bestätigt, dass alle Voraussetzungen erfüllt sind und die Sie zur Zahlung des Kaufpreises auffordert.

Vor Erhalt dieser Mitteilung sollten Sie keine Kaufpreiszahlungen an den Verkäufer leisten. Fangen Sie außerdem erst ab dem Zeitpunkt der Schlüsselübergabe nach der vollständigen Zahlung des Kaufpreises mit größeren Renovierungen und Sanierungen an.

Viele Käufer wollen frühzeitig mit den Instandsetzungsarbeiten beginnen und die Immobilie möglichst bald beziehen, weil dann die Doppelbelastung aus Miete und Darlehensrate wegfällt. Vor der Zahlung der gesamten Kaufsumme renoviert man dann allerdings ein „fremdes Haus".

Falls der Notarvertrag unwirksam werden sollte, bleiben Sie auf diesen Kosten sitzen. Kontaktieren Sie am besten umgehend Ihren Berater, wenn die Fälligkeitsmitteilung bei Ihnen eingegangen ist. Er veranlasst dann die entsprechenden Überweisungen an den Verkäufer und die Kaufpreiszahlung kann abgeschlossen werden.

Darlehen für Neubauten werden in der Regel in Teilbeträgen ausbezahlt. Sie lassen sich die Kosten und Ihre Eigenleistungen von dem zuständigen Architekten bescheinigen und reichen diese Angaben bei der Bank ein.

Wenn Sie ein schlüsselfertiges Haus vom Bauträger errichten lassen, richtet sich der Zeitpunkt der Auszahlungen nach dem Werkvertrag und dem Bautenstandsbericht, in dem der Architekt des Bauträgers Auskunft über den Fortgang der Arbeiten gibt. Sie sollten hier zusätzlich einen Experten beauftragen, der die Arbeit der Handwerker für Sie prüft, sobald ein Teil fertiggestellt wurde.

Bei einem eigenen Neubau erstellt der Architekt ebenfalls einen Bautenstandsbericht. Außerdem müssen Sie Rechnungen und Fotos der bislang angefallenen Arbeiten einreichen, um das dafür benötigte Geld zu erhalten. Bei Modernisierungen oder Sanierungen ist die Abwicklung ähnlich. Auch hier verlangt die Bank in der Regel, dass Sie Rechnungen und Fotos vorlegen, bevor die Zahlungen veranlasst werden.

9. Übergang der Immobilie in Ihr Eigentum

Wenn der Verkäufer oder Bauträger sein Geld vollständig erhalten hat, beantragt der Notar beim Grundbuchamt die Löschung der Eigentumsvormerkung. Damit werden die alten Eigentumsverhältnisse gelöscht und Sie werden als neuer Eigentümer im Grundbuch eingetragen. Es kann bis zu vier Wochen dauern, bis die Änderung vorgenommen wird. Erst ab dem Zeitpunkt dieser Eintragung sind Sie offiziell Eigentümer der Immobilie. Sie können nun auch eine alte Wohngebäudeversicherung kündigen.

Sie haben es geschafft – Herzlich Glückwunsch zu Ihrer eigenen Immobilie!

Aber da war ja noch etwas....

10. Der Beginn der Darlehensrückzahlung

Ab dem Zeitpunkt, wenn alle Darlehen ausbezahlt wurden, berechnet die Bank Zinsen für die geliehene Summe. Wichtig: Wenn zwischen der Beantragung des Darlehens und der tatsächlichen Auszahlung viel Zeit vergeht, kann die Bank für diesen Zeitraum zusätzliche Bereitstellungszinsen verlangen. Nach der Auszahlung des Darlehens beginnen Sie im Normalfall auch mit der Rückzahlung des erhaltenen Betrags.

Mein Tipp: Sie wissen nun, wie die Banken ticken und welche Stationen Sie auf dem Weg zur eigenen Immobilie durchlaufen müssen. Achten Sie darauf, dass Sie einen guten Berater an Ihrer Seite haben, der Sie durch den Prozess begleitet und Ihnen mit Rat und Tat zur Seite steht.

7 – Absichern für die Zukunft

Heute schon an morgen denken – wer eine Immobilie erwirbt oder baut, sollte dabei immer auch die Zukunft im Blick haben. Deshalb möchte ich Ihnen zum Schluss einige Tipps geben, wie Sie sich richtig absichern.

Rechtschutz für Bauherren: Nach dem Einzug ins Traumhaus stellt sich heraus, dass der Verkäufer einen Wasserschaden verschwiegen hat, die Fertigstellung des Neubaus verzögert sich um mehrere Monate, der Bauträger verwendet minderwertige Materialien oder stellt hohe Zusatzforderungen. Derartige Probleme beim Erwerb, Bau oder der Sanierung einer Immobilie sind leider eher die Regel als die Ausnahme.

Oft zeigen sich die verantwortlichen Vertragspartner uneinsichtig. Wer sein Recht dann auf juristischem Wege durchsetzen will, muss für Anwalts-, Sachverständigen- und Gerichtskosten in Vorleistung gehen. So kommen schnell hohe Beträge zusammen. Fällt das Urteil zuungunsten des Klägers aus, bleibt dieser auf den Prozesskosten sitzen.

Früher wurden juristische Streitfälle, die mit dem Bau oder Kauf einer Immobilie in Verbindung standen, durch eine allgemeine Rechtsschutzversicherung abgedeckt. Wegen der hohen Fallzahlen haben die Versicherungsgesellschaften diese Praxis mittlerweile abgeschafft. Stattdessen haben einige Anbieter heute spezielle Bauherren-Rechtsschutzversicherungen in ihrem Programm.

Diese werden meist in Verbindung mit einer Baufinanzierung oder einer weiteren Versicherung abgeschlossen. Gegen die Zahlung eines geringen Prozentsatzes des Kaufpreises bzw. der Bau- oder Sanierungssumme verpflichtet sich die Versicherung, für Rechtskosten bis zu einer festgelegten Höhe aufzukommen.

Der Zeitraum, in dem die Versicherung in Anspruch genommen werden kann, beträgt mehrere Jahre. Der Rechtsschutz greift also auch dann, wenn Mängel erst einige Zeit nach dem Kauf oder der Fertigstellung der Immobilie entdeckt werden. Außerdem helfen die Anbieter bei der Suche nach einem geeigneten Anwalt und stehen dem Versicherten beratend zur Seite. Wichtig: Die Bauherren-Rechtsschutzversicherung muss in der Regel bereits vor dem Baubeginn bzw. Kauf abgeschlossen werden.

Vor allem bei Neubauten und Sanierungen rate ich meinen Kunden dringend dazu, sich auf diese Weise abzusichern. Die Kosten, die durch Baupfusch verursacht werden, können existenzbedrohend sein. Wer sich in einem solchen Fall einen Rechtsstreit nicht leisten kann, steht vor dem finanziellen Ruin.

Wenn Sie einen Neubau planen, gibt es noch weitere Absicherungsmöglichkeiten, die Sie in Erwägung ziehen sollten. Dazu gehören:

- Feuerrohbauversicherung
- Bauherrenhaftpflichtversicherung
- Bauleistungsversicherung
- Helferversicherung
- Meldung bei der Berufsgenossenschaft Bau

Existenzsicherung mit Versicherungen: Viele Immobilienkäufer planen die Finanzierung ihres Wunschobjektes bis ins kleinste Detail durch. Doch was passiert, wenn Sie durch einen Schicksalsschlag nicht mehr in der Lage sind, das Darlehen zurückzuzahlen? Die Absicherung der eigenen Existenz wird leider oft vergessen. Zu den Ereignissen, die ihre Pläne ins Wanken bringen können, gehören:

- Todesfall
- Krankheit
- Berufsunfähigkeit
- Unfall

Diese sogenannten Existenzrisiken sind zum Teil gesetzlich abgesichert. Die wenigsten Menschen wissen allerdings darüber Bescheid, was ihnen oder ihren Angehörigen in so einem Fall genau zusteht. Prüfen Sie deshalb zuerst den Umfang und die Höhe Ihrer gesetzlichen Ansprüche.

Dann sollten Sie überlegen, was eine private Absicherung zusätzlich abdecken soll. In meinen Beratungen spreche ich ausführlich über diese Themen. Meine Kunden sollen wissen, ob ihr Immobilienkredit auch dann langfristig bezahlt werden kann, wenn etwas Unerwartetes geschieht.

Richtig erben und vererben: Was soll nach Ihrem Tod mit Ihrer Immobilie passieren? Mit Ihrem Notar können Sie nicht nur die Details des Kaufvertrags besprechen, sondern sich auch zum Thema Erbrecht beraten lassen. Als günstigere Alternative können Sie auch einen Fachanwalt für Erbrecht zu Rate ziehen.

Sie sind nicht mit Ihrem Partner verheiratet, wollen aber, dass dieser die Immobilie erbt? Sie leben in zweiter Ehe und haben Kinder aus beiden Ehen, die Anspruch auf Ihr Erbe haben? Sie haben keine Verwandten, die erbberechtigt sind? Ein Testament ist in vielen Situationen ratsam, um diejenigen zu begünstigen, die Ihnen wichtig sind. Manchmal kann es auch sinnvoll sein, die Immobilie bereits zu Lebzeiten durch eine Schenkung weiterzugeben. Dadurch können sich Steuervorteile ergeben.

Auch wenn das kein angenehmes Thema ist – Sie sollten mit Ihren Angehörigen darüber sprechen, um spätere Streitigkeiten zu vermeiden.

8 – Fazit: Immobilienfinanzierung ist kein Hexenwerk

Zinsbindung, Sondertilgung, variables Darlehen – wenn Sie keine Angst mehr haben, dass solche Begriffe im Beratungsgespräch fallen, habe ich mit diesem Buch mein Ziel erreicht. Immobilienfinanzierung ist kein Hexenwerk. Wer sein Wunschobjekt sorgfältig auswählt, sich über seine Möglichkeiten informiert, weiß, was er sich leisten kann und wer sich nicht von den Verkaufstricks der Bankberater ködern lässt, der ist auf einem guten Weg in die eigenen vier Wände.

Natürlich ist jeder Immobilienkauf anders, und welche Vorgehensweise am besten ist, kommt auf den Einzelfall an. In einem Ratgeber wie diesem kann das Thema aber nur recht allgemein dargestellt werden. Die Grundlagen kennen Sie nun – in der Praxis ist es aber immer sinnvoll, einen guten und unabhängigen Berater an seiner Seite zu haben, der Ihnen da weiterhilft, wo dieses Buch an seine Grenzen stößt.